JUSTIN
CHAPPOTTEAU

(1868-1894)

Ancien élève de l'école libre
Notre-Dame

BOULOGNE-SUR-MER.

SOCIÉTÉ DE SAINT-AUGUSTIN

DESCLÉE, DE BROUWER ET Cie.

1896.

JUSTIN

CHAPPOTTEAU

(1868–1894).

Ancien élève de l'école libre Notre-Dame
Boulogne-sur-Mer.

Société de Saint-Augustin,

DESCLÉE, DE BROUWER et Cie.

1896.

JUSTIN CHAPPOTTEAU.

CHAPITRE I.

L'enfance à Paris (1868-1884).

JUSTIN CHAPPOTTEAU naquit à Fontenay-sous-Bois le 22 juillet 1868. Deux enfants étaient venus avant lui combler les désirs de ses pieux parents, et cinq, plus jeunes que lui, devaient former autour d'eux une glorieuse couronne.

Louis, l'aîné, comptait cinq ans de plus que Justin. Malgré cette différence d'âge, leurs rapports furent intimes; Justin, surtout aux premiers jours du collège, lui confiera ces mille petits secrets qu'on éprouve le besoin de verser dans un cœur ami, et plus tard, quand il marchera dans le sentier de la vertu, il tentera d'y entraîner son frère par d'audacieuses et délicates exhortations.

Alphonse et Joseph, plus jeunes que Justin d'un et deux ans, seront les compagnons ordinaires de ses jeux, les confidents de ses pensées.

Clotilde et Marie ne vinrent guère prendre leur place dans la famille que pour s'envoler au ciel. Justin garde le cher souvenir de ces anges à peine entrevus, il les prie, il les voit dans la bienheureuse demeure. Charlotte vient bientôt consoler ses parents. François enfin, le Benjamin, a un titre particulier à l'affection de Justin. Justin l'a tenu sur les fonts du baptême; il n'oublie pas les charges de cette paternité spirituelle; il suit les progrès de son filleul, se réjouit, quand ses lèvres balbutient leur première prière, et forme à la vertu cette petite âme que Dieu lui a confiée.

La famille a gardé les mœurs dignes et fortes du vieux temps. Justin plus tard regardera « comme une chose très préjudiciable à l'ordre cette familiarité malheureuse qui tend à s'implanter entre le le père et l'enfant. Le père ne sait point commander ; à peine ose-t-il conseiller ;

et sa joie est extrême, s'il est parvenu à se faire de son fils une sorte d'ami. »

M. Chappotteau savait allier la fermeté à la tendresse. Plus d'une fois, il dut user de rigueur. Les premières années de Justin faisaient mal augurer de l'avenir : il était lent, il était lourd ; on se demandait avec inquiétude ce que l'on ferait de cet enfant sournois qui taquinait ses jeunes frères, abusait de sa force, troublait leurs jeux, s'attaquait à son aîné, suscitait d'incessantes querelles, était avec ses parents d'une froideur de glace, et desserrait à peine les dents pour leur dire bonjour, bonsoir.

Ces défauts ne firent même que se développer avec les années, et le régime de l'école fut aussi impuissant à les corriger que l'éducation de la famille.

Alphonse et Justin commencèrent leurs études chez les Frères des Écoles chrétiennes, à la pension des Francs-Bourgeois. Justin fut là ce qu'il avait été dans la maison paternelle, ami de ses aises,

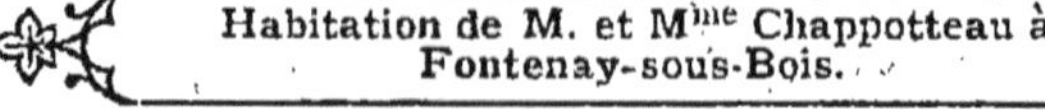

Habitation de M. et Mme Chappotteau à
Fontenay-sous-Bois.

impatient de toute gêne. C'est Alphonse qui, avant le départ, rassemble les livres et cahiers de son frère ; et Justin surveille les préparatifs, mais n'y daigne pas mettre le bout du doigt. Il fuit toute peine : sa nature sauvage déteste l'éclat ; on lui donne un rôle dans une pièce, il ne l'apprend pas. Pour le punir de sa négligence, on le lui enlève : il est ravi, sa manœuvre a réussi.

Toutefois d'heureuses qualités percent au milieu de ces défauts. Il est ponctuel, exact ; nul prétexte à ses yeux ne le dispense d'un devoir. En vain sa mère lui propose d'écrire elle-même un mot d'excuse ; l'enfant refuse : le sentiment du devoir s'est éveillé en lui ; l'émulation l'a saisi ; il est ardent au travail, et son assiduité lui donne bientôt le premier rang parmi ses condisciples.

Le 16 juin 1880, il fait sa première communion. M. l'abbé Lefèvre, aujourd'hui curé de Clignancourt, le prépare à ce grand acte. Sa piété fut sincère. La joie se reflétait sur son visage ; elle est visible encore dans la photographie que ses parents ont conservée en souvenir de ce beau jour.

Alors il fallut le confier à d'autres maîtres : Justin désirait faire ses études de médecine. Son grand-père, le Dr Dewulf-Pontonnier, médecin distingué, prodiguait aux malades son temps et ses soins. Il nourrissait l'espoir qu'un de ses petits-fils le remplacerait dans cette carrière. Justin connaissait ce désir. De là sans doute la pensée d'y répondre. Quand il s'apercevra que ce n'est point sa voie, le seul regret qu'il sentira sera de tromper les espérances de son grand-père. Il fit connaître ses idées à ses parents. M. Chappotteau réfléchit, consulta, et, quand il se fut décidé à mettre Justin dans un collège, fixa son choix sur l'École Massillon.

Dans le plan des Oratoriens qui la dirigent, les élèves suivent au lycée les cours des plus habiles maîtres ; puis, au sortir des classes, ils reçoivent à l'école l'instruction religieuse et les correctifs dont les leçons des professeurs officiels ont trop souvent besoin.

M. Chappotteau crut trouver là l'idéal de l'éducation. Les professeurs de Charlemagne formeraient l'esprit ; les Pères de l'Oratoire cultiveraient le cœur, et, chaque soir, à la maison paternelle, l'enfant retrouverait les conseils de son père et les caresses de sa mère.

Sous la direction d'un répétiteur, Justin étudia les éléments des langues anciennes, et, en 1882, il entra en quatrième. Après une année d'étude, n'était-ce pas présumer de sa force ? Le résultat prouva qu'on n'avait pas trop espéré de ses progrès. Il prit dans la plupart des matières la tête de la classe, remporta les plus brillants succès, et compta même parmi les lauréats du concours général.

Il n'avait pas encore cette humilité qui lui fera plus tard jeter un voile sur ses vertus ; mais, à Massillon comme aux

Francs-Bourgeois, il détestait déjà l'éclat
et le bruit.

La vue des nombreuses couronnes, que,
le jour des prix, son père et lui tenaient
sous le bras, arrachait aux passants des
exclamations flatteuses pour son amour-
propre, mais gênantes pour sa timidité.
Il supplia son père de prendre des rues
peu fréquentées pour retourner à la
maison.

Il passa deux ans à Massillon. Son
esprit s'ornait rapidement, mais son caractère ne s'améliorait pas. C'étaient, avec
son frère Louis surtout, des discussions
orageuses que Justin provoquait à plaisir.
Il prenait le contrepied des idées d'autrui,
et soutenait les siennes avec une énergie
qui dégénérait en violence. Dans la viva-
cité de la discussion, il ne ménageait pas
les expressions blessantes à ses contradic-
teurs. Ses propos devenaient téméraires,
et heurtaient le sens chrétien de la famille. Son père était inquiet, quand une
scène plus violente justifia ses inquiétudes.

M. Deseille, ami d'enfance du Dr Dewulf, vint de Boulogne passer quelques jours à Paris. Son âge eût dû en imposer à Justin, mais l'enfant était devenu si prétentieux et si intolérant qu'il ne souffrait plus aucune contradiction. Il engagea une de ces discussions dont il était coutumier. Ses idées déplurent fort.

M. Deseille avisa M. Chappotteau et lui fit part de ses inquiétudes sur l'éducation de Justin. Il lui avait fait l'éloge de Voltaire, et n'avait répondu à ses objections que par un redoublement de louanges. M. Chappotteau appelle Justin, l'interroge, et le petit bonhomme redit avec feu les sottises qu'on lui avait mises en tête. Il retenait trop fidèlement les leçons de ses maîtres. Le péril était évident. Pour conjurer les ravages de l'enseignement officiel, il fallait soustraire entièrement cette intelligence vive et indépendante à l'atmosphère qui menaçait de la corrompre. La résolution fut prise sans retard.

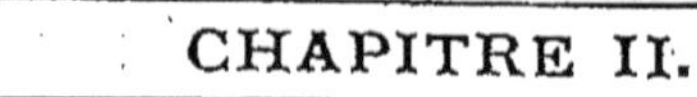

CHAPITRE II.

Notre-Dame de Boulogne. — Humanités. — Rhétorique (1884-1886).

AU mois d'octobre 1884, Justin entrait à Notre-Dame de Boulogne. Il n'arrivait pas en pays inconnu ; Louis y avait fait une partie de ses études. Justin lui-même, en 1882, était venu passer quelques jours sous le toit hospitalier de Monsieur Deseille. Son journal a gardé le souvenir d'une promenade au Gris-nez qui avait failli tourner au tragique. Il bondissait à travers rochers et bruyères, avec la joie d'un Parisien à la campagne ; il allait, dans sa course folle, sauter un petit mur, quand son bon Ange l'arrêta : il était temps. De l'autre côté du mur, c'était la falaise taillée à pic.

Ses frères, anciens déjà d'une année, l'introduisirent au collège, et le recommandèrent à leurs amis.

Avec sa nature sauvage, Justin faillit décourager les élèves charitables, qui lui firent des avances : « Le soir de la rentrée,

nous écrit l'un d'eux, à peine arrivé, j'al-
lai saluer Justin. L'accueil fut froid. »

Boulogne. — Collège Notre-Dame.

Aussi ne nous étonnons-nous pas que
les premiers jours aient été pénibles. Un
vide d'abord s'est produit dans son cœur;

la famille lui manque : « On est bien chez soi ; on est heureux ; on se couche après avoir embrassé tous ceux qu'on aime, mais on le fait par habitude, et presque sans y songer. Oh ! qu'on aimerait mieux tout ce qu'on a chez soi, qu'on estimerait davantage ces instants courts, perdus si souvent par inattention ou paresse, si l'on pensait un moment à toute la peine qu'ils vous causent, quand on ne les a plus ! Cette chaude atmosphère manque au collège. Ce n'est pas de l'ennui, ça ! Je ne sais ce que c'est, mais c'est quelque chose de terrible. Seul... seul,... on est mal. Pendant ce temps, nos petits grandissent. Je les vois dans les allées, sous les grands arbres, près de vous, sur les genoux du bon père, ou bien pendus aux deux mains du grand qui fume sa pipe et rit. Mon Dieu ! que cela manque ici ! Ici, l'immensité des cours, la monotonie du réfectoire, et la solitude des dortoirs. »

Les petites misères du collège s'unissent aux regrets du passé, pour lui rendre la vie plus pénible. Justin n'aimait pas le jeu ; son caractère grave l'y portait peu ; la faiblesse de sa santé l'en éloignait. Il laissait volontiers percer quelque irritation contre les mésaventures dont il fut victime : « Recevoir une balle dans la figure est loin de vous remettre les sens ? A ce point que je me suis vu au moment de me trouver mal. Et remarquez que je l'ai reçue sur le nez. Si je l'avais reçue sur la tempe, je ne sais vraiment pas ce qui aurait pu arriver. Pensez ! une balle grosse à peu près comme une orange ! et dure ! J'ai saigné comme un malheureux ; vous me direz que cela a dû me dégager la tête. Ah ! oui. Quand au bout de deux jours je touche mon nez, je ressens un fort mal de tête. Je m'étonne qu'on laisse jouer, qu'on oblige à jouer dans une maison telle que celle-ci avec des engins pareils. »

C'était au début que le collège s'offrait à lui sous un jour si sombre ; mais le ciel s'éclaircit bientôt. Les conseils de son frère, une visite de son père dissipent les nuages, et, dès le 15 octobre, il écrit : « Je me suis fait rapidement à la vie de collège ; me voici bel et bien, comme si

Un jour de sortie à Boulogne.

j'y étais depuis un an. Je ne m'ennuie plus en cour, je ris, je joue. »

Les difficultés, les regrets, les mille contrariétés de la vie journalière ne s'étaient pas évanouis, mais Justin les

bravait avec énergie.; il se prenait d'affection pour son collège, et moins de
deux ans après, il écrivait : « Certains
élèves s'époumonnent à crier : Quand
serons-nous sortis ? quand aurons-nous
passé nos examens ? quand aurons nous
18 ans, 20 ans ? — Tas de sots ! » L'épi-
thète est un peu vive, mais la pensée est
vraie. Ces regrets et ces désirs sont toujours stériles, souvent nuisibles. Justin
s'en défit promptement. Ce fut sagesse.

Il se laissa aller au courant de régularité qui emportait les élèves. Sa gravité
précoce, son travail lui gagnèrent l'estime
de ses maîtres. Ils furent satisfaits, et
n'eurent guère à user de rigueur avec lui.
S'ils prirent parfois une mesure plus énergique, la promptitude de Justin à l'ac-
cepter ne fit que mettre sa vertu dans un
plus beau jour. Un exemple suffira.

Les grands avaient pris une habitude
qu'on se résolut à combattre. Le soir, en
entrant au réfectoire, ils se donnaient une
poignée de main. Justin sans doute suivit

la mode. Le surveillant trouva au moins
intempestives ces marques de sympathie.
Il voulut les proscrire par un coup décisif.

Avant le *Benedicite*, il dit : « Chappotteau et un tel, un régime [1] pour s'être
donné une poignée de main. » Justin était
dignitaire de la Congrégation ; il était
inouï alors à Boulogne qu'on eût infligé
à un congréganiste cette punition grave
déjà. D'autres auraient réclamé, murmuré
au moins ; Justin ne savait pas discuter
les ordres de l'autorité ; il fit sa punition
sans récriminer et mangea de meilleur
appétit le plat auquel on ne lui avait pas
interdit de toucher.

Le seul point, sur lequel on lui fit
quelque reproche, fut la piété ! S'était-
elle refroidie dans le milieu d'où son père
l'avait retiré ? ou était-elle moins visible
qu'elle ne le sera plus tard ? Du moins
elle reposait sur une base solide : il esti-

---

1. Priver quelqu'un d'un plat s'appelle le mettre au
régime.

mait à leur valeur les choses de la foi, remerciait son père de l'avoir placé dans un collège chrétien, étudiait avec soin sa religion, et obtenait en instruction religieuse la première place qu'il ne quitta jamais.

Il ne fut pas aussi heureux dans toutes les matières. Des rivaux redoutables, — tels que Marcel Dutertre, mort peu avant lui, — prennent d'abord l'avance. Il constate avec mélancolie qu'il aura de la peine à regagner la distance : « Je ne suis pas le premier, je ne pourrai le devenir. Cinquième ou sixième, voilà ma place ! » Ce fut vrai au début. Il n'a fait ni thèmes grecs, ni vers latins, — l'Université tient ces exercices pour minuties, — Justin perd du terrain de ce côté : « Demain matin, écrit-il désolé, je compose en vers latins ; je n'en ai jamais fait de ma vie. Puis, dans quelque temps, il me faudra composer en thème grec, bien que je n'en aie pas la moindre notion. Il est vrai que les thèmes grecs ne font pas l'éducation, il est vrai qu'on peut être un fort honnête homme, sans avoir le prix de thème grec. Mais c'est égal, ça m'ennuie, ce sont ces vétilles-là qui me rejettent toujours en excellence et, malgré mon désintéressement, j'aimerais autant être premier que second. »

D'autres se fussent découragés. Il était trop vaillant pour jeter les armes à la suite d'un premier échec; la défaite, après une heure de dépit, ne lui laissait au cœur qu'un plus ferme désir de vaincre; il se reprit à la lutte. Son indomptable énergie força la victoire, et, avant la fin de ses Humanités, il put mettre à une lettre cet en-tête triomphant: « 7 mai: 1er en thème grec! Enfin! » Ses condisciples reconnaissent bientôt son mérite; il est déjà si estimé que l'élite de la classe, l'Académie, le choisit pour son président.

Ces honneurs et ces succès, il les doit sans doute à son talent, mais aussi à un travail acharné. Il n'était pas de ces esprits médiocres qui se contentent de quelques lauriers : « Je l'avoue, écrit-il, je ne suis pas sans ambition. Quand on a un père qui se donne tant de mal pour l'éducation de ses enfants, on doit avoir plus d'ambition que d'autres. Et j'en ai, chère petite mère. Mais, pourquoi travailler, quand, un jour après, on ne sait rien ? »

C'est une boutade ; la vérité est que Justin n'avait point le travail facile. L'esprit était encore lourd, la mémoire lente. Les dates, les menus faits se casent difficilement dans sa tête : « L'histoire! quelle chose matérielle ! » s'écrie-t-il après une composition où il n'a obtenu que le septième rang.

A ces difficultés s'ajoutent les épreuves d'une santé déjà chancelante. Il lui faut compter avec la fatigue, prolonger le temps du sommeil ; et cette prolongation lui est pénible ; elle le prive « de quelques heures où il pourrait écrire, causer avec ses livres de lecture ».

Il ne peut même donner aux classes

toute l'attention qu'il désirerait y apporter : « Ça me fait mal, écrit-il, de voir combien est excellent le professeur que nous avons, et combien peu, si ça continue, je ferai de progrès avec lui. Je l'entends comme dans un brouillard... Demandez-moi ce qu'il nous a dit ce matin : je vous avoue franchement que pour me souvenir seulement de ce dont il nous a parlé, il me faut réfléchir et ralentir la vitesse de ma plume. » Son professeur, confiant en sa loyauté, le laissait libre de prendre du repos, si la fatigue l'exigeait, mais ses maîtres n'avaient pas tous la même perspicacité. Trompés par l'énergie même avec laquelle il domptait ses souffrances, plusieurs l'accusaient de mollesse. Si, alors qu'il était blême, on lui disait : « Il faut jouer ! — Mais, mon Père, je suis malade. — Allons donc ! vous vous écoutez ! » Une ombre imperceptible passait sur son front, et il jouait.

En dépit de ces tribulations, il est

heureux, et quand il jette un regard sur les premiers mois, il constate qu'il se plaît à Notre-Dame ; il le dit dans ses lettres, il le chante dans ses vers. Il aime ses professeurs, ses condisciples, son collège, il aime les promenades sur la plage ou dans les vallées riantes du Boulonnais; il aime les grands souffles de la mer, et, poète fin déjà, il les décrit avec verve :

Le grain.

La mer est méchante et le ciel est noir,
Le vent souffle fort dans la voile sombre ;
Va, ma barque, va, va, glissant dans l'ombre,
Nous allons danser, oui, danser ce soir.

Sais-tu ce qu'un jour défunt mon grand-père,
Qui là-bas sommeille à l'abri des vents,
— Il est de cela longtemps, bien longtemps,—
Nous disait à tous en buvant la bière?

Nous étions rangés près du feu joyeux :
Le ciel était noir, la grêle était forte,
Et le vent maudit hurlait à la porte,
Comme Lucifer en tombant des cieux.

« Or ça, nous dit-il, garçons, jeunes filles,
Vite, faites rond tout autour d'ici ;
Écoutez un peu ! Le vent que voici
Me rappelle à moi de certains quadrilles.

Vous dansez vous tous sous les arbres verts,
Vous dansez en rond sous le tilleul sombre ;
Enfants, ce jour-là nous dansions dans l'ombre,
Dans l'ombre des nuits sur les flots amers.

Le grain était gros ; ce fut la tempête ;
La barque tourna sur le gouffre amer,
Et transis de froid nous mit dans la mer,
Et puis tout tourna par-dessus ma tête.

Or, petits enfants, approchez un peu !
Je ne sais comment se fit le mystère,
Je ne sais comment je suis sur la terre !
On me recueillit : j'avais prié Dieu. »

Et, disant ces mots, défunt mon grand-père,
Que j'aimais beaucoup, regardait les cieux ;
Et nous, nous avions les larmes aux yeux ;
Car il semblait beau, faisant sa prière.

Ce n'est pas un médiocre humaniste,
l'écolier de seize ans qui signe cette pièce.

Le vers, déjà ferme et net, témoigne d'un talent mûr avant l'âge. La pièce est un peu dans le genre romantique, que Justin affectionnait alors : « Vers l'âge de quinze ans, dit-il, je nourrissais une aversion profonde pour les chefs-d'œuvre du grand siècle. J'appelais sans cœur ceux qui méprisaient V. Hugo, et je plaignais les arriérés qui montraient leur admiration pour Racine et Corneille. Seuls, les chœurs d'Athalie et la prophétie de Joad satisfaisaient mon goût. Je trouvais ces morceaux presque romantiques. »

Ce qu'il aimait chez ses auteurs de prédilection, c'était l'éclat du style qui éblouit aisément la jeunesse. Il aimait d'ailleurs partout ce qui frappe les sens et plaît à l'imagination ; il l'aimait sur la scène comme dans les livres. Les académies, privées de décors, de costumes, lui semblaient, dans leur sévère ordonnance, des représentations froides et mutilées.

Il avait figuré dans une de ces séances avec sa grâce ordinaire ; nul ne se fût

imaginé qu'il eût eu quelque répugnance
à y tenir son rôle. Il avait mis toute son
âme à le bien rendre; mais au fond, l'en-
thousiasme était mince : « C'est désolant;
on ne peut avoir de goût pour un rôle
quelconque, lorsqu'on sait que le roi
Philippe III le Hardi (c'est moi), est
représenté sur la scène par un visage im-
berbe, une tournure écolière, un grand
dadais que tout le monde connaît pour
n'être pas le roi Philippe, le tout revêtu
d'un pantalon collant et d'une veste à
boutons d'or. Il ne manque que des gants
noirs. Pauvre roi Philippe ! que diriez-
vous, si, sortant de votre tombeau, vous
vous surpreniez attifé de la sorte ? J'en
ris. Mais je vous assure que ce n'est pas
risible sur la scène. On n'est pas fier. On
n'a pas de goût, pas de plaisir, et partant
pas de naturel. Malgré tout, on reste
Justin Chappotteau et voilà tout. »

La critique est sévère : Justin d'ailleurs
se calomniait, lorsqu'il se traitait ainsi de
grand dadais. La gaucherie et la timidité

des premières années s'est évanouie. Les nobles pensées trouvent de l'écho dans son cœur; sa voix expressive rend bien les nuances du sentiment, sa physionomie mobile est pleine d'expression. Il excelle dans le tragique, et, ce qu'on attendait moins de son caractère grave, il n'est pas inférieur dans le comique. Partout à l'aise, partout brillant, déclamateur, musicien, dessinateur distingué[1], il garde sous le feu des applaudissements la modestie que ne lui avaient pas fait perdre les lauriers du grand concours.

L'esprit s'est formé, et, transformation plus belle encore, le cœur s'est développé avec l'esprit. On ne trouve plus trace d'égoïsme. C'est déjà le « bon Justin ». Pour se consoler d'une mauvaise place, il vante les succès de ses frères; il sait sacrifier son temps, son plaisir à l'amuse-ment des autres. C'est bien amusant le patinage, surtout quand « le temps est

1. Tous les dessins de ce livre sont dûs à la plume de Justin.

superbe; pas un nuage, il y a eu 7° la nuit. J'ai déjà mis un patin. Le P. Préfet m'appelle pour faire le Misanthrope ! Pas de patinage ! Ça me donnera du naturel dans mon rôle ! »

Ses parents ne sont pas les derniers à constater la transformation. Lui qui desserrait à peine les lèvres jadis, pour murmurer un mot affectueux, ne trouve pas de termes assez forts pour exprimer sa tendresse. Les vacances même n'ont d'attraits, qu'en raison du plaisir qu'il s'efforcera de procurer aux autres. Il sait que ses frères ont eu à souffrir de son humeur; il aspire à leur rendre la joie qu'il leur a refusée: « Ces dernières années, écrit-il, nous ne savions pas encore tout ce qu'il y a de bonheur dans une entente complète entre frères. Les jours étaient troublés par des querelles, des pleurs même. Ce n'étaient pas des vacances. Ah ! cette année sera délicieuse pour tous. »

Cette tendre affection, il la manifestait d'abord à ceux que la Providence avait placés sous le même toit que lui. Les jours de fratrade [1] étaient attendus avec impatience. Après avoir embrassé ses frères, Justin se plaçait au milieu d'eux, se faisait raconter par Joseph tout ce qui lui était arrivé depuis la dernière entrevue; ensuite venait le tour du grave Alphonse, et quand les nouvelles de la semaine étaient épuisées, on devisait gentiment. On parlait de la famille; on se communiquait les lettres reçues, et c'était Justin qui répondait. De cette époque date la volumineuse et délicate correspondance, qui prit une si grande place dans sa vie.

Dès les premières lettres, il étonna ses parents par une tendresse à laquelle il ne les avait point habitués. Esprit, chaleur, à-propos, il a toutes les grâces de l'esprit et du cœur. Tantôt sa plume remue doucement les souvenirs du passé: « Quand ici, le soir, nous chantons de pieux cantiques à la sainte Vierge, je pense à ces

---

1. Chaque semaine, il est permis aux frères de diverses divisions, de se revoir pendant certaines récréations: c'est ce qu'on appelle, en terme de collège, la *fratrade.*

jours bénis, où tous réunis, à genoux, devant une statue de la sainte Vierge, nous priions, nous chantions. Vous en souvenez-vous? Il y a déjà longtemps de cela. » Tantôt il s'intéresse aux fatigues, aux soucis des siens et leur parle une langue que Mme de Sévigné n'eût peut-être pas dédaignée: « Je te vois d'ici, écrit-il à son aîné, alors clerc de notaire, je te vois d'ici arpentant le trottoir, ton parapluie en main, ta serviette sous le bras, ton chapeau sur la tête, éclaboussant les passants, t'éclaboussant toi-même. Il fait froid. Heureusement maître X. a un bon feu qui réchauffe l'étude. Tu quittes ta peau artificielle, tu la mets devant ce feu réconfortant. Pauvre pardessus ! comme il est trempé ! Pauvres chaussures, comme elles sont crottées ! »

N'est-ce pas ravissant de tendresse ? aussi quelle joie quand ces lettres arrivent rue du Bassin ! quel plaisir il éprouve lui-même à tenir la plume ! Le dimanche soir est impatiemment attendu ; alors il s'envole sur les ailes de l'affection et va passer une heure à la maison paternelle.

Et quand l'heure s'est enfuie, il pense encore à ces êtres chéris, il les chante dans des vers d'une délicatesse exquise.

A ma mère.

Le beau ciel est pur, et la mer est blanche ;
Les champs sont cousus de boutons dorés,
Et près du ruisseau dont l'onde s'épanche,
Et qui chante aussi tout le long des prés
Le petit oiseau chante sur la branche.

Petit oiseau bleu qui viens chanter là,
J'aime ta chanson, j'aime ta romance ;
J'aime le ciel pur, la mer que voilà,
Mais, vois-tu, mon cœur pense... pense... pense ;
Tiens ! petit oiseau, devine-moi ça.

Le gentil oiseau veut bien me le dire ;
Son petit cerveau s'est mis à chercher,
Mais ne trouve pas. Vraiment je t'admire,
Petit oiseau bleu. Faut-il t'arracher
Mon joli secret ? Ah ! tu me fais rire.

Le gentil oiseau ne devine pas.
Juste un petit cri bien connu l'appelle,
Et vite il y court porter ses ébats.
Dis-moi, bel oiseau, dis-moi si c'est elle.
Pourquoi t'envoler tout là-bas, là-bas ?

Le petit oiseau finit sa romance
Bien loin vers la mer dont le flot bleu danse,
Mais il n'a pas dit son secret à moi,
Lui, ne le sait pas. Oui, Mère, mais toi
Devineras-tu celle à qui je pense ?

Les mères qui liront ces lignes souhaiteront sans doute que leur fils ressemble à ce jeune homme. Si elles se demandent par quel prodige l'enfant égoïste, opiniâtre, maussade, est devenu le fils tendre, le frère affectueux, elles devineront dans cette transformation la main d'une mère. Une mère a façonné le cœur de Justin. Justin est devenu par sa consécration congréganiste, enfant de Marie. Soutenu par sa main maternelle, il s'est engagé dans la voie de l'abnégation et de la vertu. Sa piété un instant refroidie s'est réchauf-

fée ; la grâce a vaincu la nature. Justin,
comme tant d'autres élèves, a trouvé la
force de se vaincre, devant l'autel de la
congrégation.

A LA fin de sa rhétorique, Justin vit le succès couronner ses efforts, mais il n'en fut pas ébloui ; il se remit à l'œuvre en philosophie. Les premières difficultés de cette science abstraite l'arrêtèrent, sans le décourager : « Peu s'en faut, raconte-t-il à son frère, peu s'en faut, le soir, quand l'idée me fuit, que je jette tous mes papiers, non au vent, mais dans mon pupitre et que je prenne mon crayon pour dessiner. Enfin ! disons comme le sage : Il y a commencement à tout. Philosophe Justin, tu n'es qu'un bourgeon : Bientôt sortiront des feuilles. » Elles poussèrent en effet, mais lentes. Ce qui le mettait à la torture, c'était l'étroitesse des programmes ; il n'aimait point ce moule du discours ou de la dissertation dans lequel on prétend couler tous les esprits. Il y avait là cependant une contrainte salutaire qui devait développer son intelligence, sans éteindre les autres facultés. Il en veut toutefois à la froide logique qui menace de glacer l'imagination ; au nom « de la folle du logis », il proteste contre les dogmes de l'*Art Poétique*, et se permet de berner Boileau.

> Bercé par l'aile des zéphyrs,
> Et tirant de profonds soupirs,
> Boileau pinçait de la guitare :
> « Poète saint, père Pindare,
> « S'exclamait-il, inspire-moi,
> Donne ton souffle et ton génie,
> Pour que je chante comme toi. »
>   Pindare, dieu de l'harmonie,
> Dormait sans doute comme un roi,
> Car il ne lui répondit mie.
> « Par ma raison ! est-ce qu'il dort ? »
> Boileau navré cria plus fort :
> « Poète saint, père Pindare,
> Père Pindare, inspire-moi,
> Pour que je chante comme toi.
> — Par ma barbe et par mon génie,
> Tas d'enragés, que me veut-on ?
> Hurla le dieu de l'harmonie.
> — Je veux... je veux de la raison,
> Bégaya soudain le pauvre homme
> En descendant d'un demi-ton.
> — Pourquoi me gêner dans mon somme ?
> Hurla le dieu comme un démon. »
> Puis lui faisant une grimace :
>   Raison pure ! Frappez en face ! »

Pour concilier la poésie et la raison, les théories et l'expérience, Justin rêvait une synthèse grandiose de toutes les sciences. L'homme complet, l'homme seul digne de ce nom eût dû être à la fois poëte, philosophe et naturaliste.

Un jour, le professeur de sciences avait battu en brèche quelque système philosophique et le professeur de philosophie, par représailles, avait démontré l'absurdité d'une hypothèse scientifique. Justin avait assisté, spectateur impassible, à ces engagements, et, le soir, juge impartial, après avoir pesé les considérants des deux parties, il avait consigné le jugement sur son carnet : « Il est amusant de voir avec quel dédain les naturalistes se moquent des philosophes et des poëtes, avec quel dégoût les philosophes et les poëtes parlent des naturalistes. Voulez-vous savoir la raison de cette antipathie ? C'est qu'il n'y a ni vrai naturaliste, ni vrai philosophe, ni vrai poëte. Le vrai naturaliste devrait être à la fois philosophe et poète ; le vrai philosophe, poète et naturaliste ; le vrai poète, naturaliste et philosophe. De cette manière le naturaliste serait moins cornue, le philosophe moins parchemin et le poète moins brouillard. »

Pour rester d'accord avec ses principes, Justin devait mener de front l'étude de toutes les sciences et de tous les arts. Il l'essayait avec une audace naïve, il ne le fit pas sans succès. Dès le début de l'année, il s'était résolu à cultiver le dessin, pour lequel il était remarquablement doué et qu'il avait négligé jusque-là. Pour racheter la brièveté des heures, il se met à cette étude avec ardeur, et la poursuit avec constance. Un principe excellent le guide : « Si tu veux devenir quelque chose, ne commence rien que tu n'achèves ! » Il applique ce principe au dessin. Jamais il n'abandonne une œuvre qu'après y avoir donné le dernier coup de crayon. Il pousse même la ténacité jusqu'à refaire un dessin gâté et raconte en termes plaisants sa mésaventure : « Il faut, pour parler comme Madame de Sévigné, que je vous raconte une petite historiette qui est très vraie et qui vous divertira. Hélas ! elle ne m'a pas diverti. Vous savez combien pour un artiste il est amer de voir anéanti le fruit de ses veilles. C'est mon histoire, hélas! J'avais entrepris un travail grandiose, hélas ! Il s'agissait de reproduire sur une grande feuille le portrait d'un illustre peintre, Hippolyte Flandrin. Pensez! le grandir d'au moins quinze fois ! Bref, un vrai travail !

« L'ouvrage arrivait à sa fin. Déjà l'artiste avait pour son œuvre un œil plein de lui-même, hélas ! Il voulut la fixer, hélas! hélas ! hélas ! Pleure, Hippolyte Flandrin, pleure ! Ton visage est sillonné de larmes toutes noires, ton bonnet s'efface, ton nez s'évanouit, et d'yeux... tu n'en as plus... Riez, mon bon père. Pour moi, je trouve la farce mauvaise, mais, comme en somme j'ai bon caractère, et que je veux le bien de mon Hippolyte, je lui promets par tous les poils de mon menton, coûte que coûte, de faire son portrait. Il faudra recommencer, tant pis ! »

Le dessin à ses yeux n'est pas uniquement l'art de copier un modèle ; de l'expérience il cherche à dégager les principes. Il est bien jeune sans doute pour se faire une théorie, mais sa critique déjà n'est pas sans valeur ; de quelles bonnes raisons il appuie ses idées! avec quelle chaleur il les défend ! « Il paraît, mon cher Louis, que tu es allé au musée du Luxembourg, et que tu as babillé sur moi d'infâmes calomnies. Comment? tu as dit que j'aime les natures mortes ! Y as-tu jamais pensé ? Je trouve absurde de peindre de vieilles ferrures, de ces choses qui ne parlent pas plus à l'œil qu'à l'imagination. Mais il y a différence entre nature morte et réalisme. Oui, j'aime le réalisme, mais, entendons-nous, j'aime ce réalisme qui représente telles qu'elles sont les scènes de famille, qui n'oublie rien pour nous illusionner, pas même un jouet brisé; j'aime ce réalisme qui nous transporte en pleine campagne, qui nous met sous les yeux, dans un paysage normand, par exemple, des paysans normands et non des types grecs ou romains, des paysans en manches de chemise, et non des paysans endimanchés ; j'aime ce réalisme qui représente une mare avec un troupeau s'abreuvant le soir près des grands arbres et qui ne va pas mêler à cette scène vivante des ruines de temple aussi déplacées qu'invraisemblables. » La théorie n'est pas mauvaise; elle est d'autant plus remarquable, que celui qui la formule est un tout jeune homme, qu'il ne l'a point puisée dans les livres, mais dégagée de ses propres observations. C'est une étude qu'il n'a pas d'heure pour faire, mais qu'il poursuit à tous les instants. Par la fenêtre, d'où l'on a vue sur la mer, durant les promenades, sur la plage ou dans les riantes vallées du Boulonnais, il observe le paysage, le groupement, l'attitude des personnages, puis à

loisir fixe ses souvenirs par la plume ou
le crayon. Il a le coup d'œil de l'artiste.

N'est-elle pas d'un artiste cette des-

La colonne de la Grande-Armée.

cription d'une excursion au Gris-Nez :
« Je ne sais rien de plus charmant que de
revenir par un beau temps vers le soir.
Le soleil se couche là-bas dans la brume,

éclairant vivement une vaste étendue de mer. Les maisons elles-mêmes se perdent dans un brouillard bleu et d'une teinte uniforme. Au premier plan, une vieille femme qui s'efface. Une barrière rustique peu éclairée. Puis la nuit tombe peu à peu. Tout s'efface ; vers Wimille des arbres, des toits, l'église, de la fumée apparaissent. Une étoile, deux étoiles. Quelques voix causent sur la route ; des hommes rentrent confusément dans la brume. Sonnez, cloches, sonnez.

«On passe dans Wimille; c'est l'eau du Wimereux qui coule toujours ; ce sont les feux qui s'allument, les ouvriers qui retournent chez eux, la forge qui bat ses fers, les cloches dont le son se perd.

«Nous voilà de nouveau sur la route ; à gauche, la brume s'épaissit sur un petit bois : j'écoute, un oiseau chante encore. Les autres sans doute dorment dans leurs nids rustiques entre les branches. Dormez, petits oiseaux, dormez ; vous redirez demain les charmes du soleil. Puis nous remontons en voiture ; on chante, on rit. Les maisons sommeillent de chaque côté ; quelques lumières, mais personne sur la route. La lune brille ; les étoiles ont rempli le ciel, et la nuit est presque venue : un Noël ! oui, oui, un Noël !

« Tout cela au calme du soir, sous un ciel pur, emportés par la voiture. Rien de plus poétique et de moins facile à décrire. »

Le jeune artiste, malgré tout, s'est bien tiré des difficultés de la description. S'il les a vaincues, il le doit à ce talent d'observation qu'il porte partout.

Des acteurs viennent-ils dire quelques monologues ou quelques scènes dramatiques, il suit leur jeu avec attention et le critique avec beaucoup de finesse : « Le Misanthrope a été correct ; celui qui faisait Oronte était parfaitement dans son rôle : bouche longue et droite, air suffisant. La « Conscience » est en partie gâtée par des accents de convention, mais la pose est superbe, les yeux humides et blancs, les pommettes larges et saillantes. Quelques scènes de *Britannicus* sont venues ensuite. A part certains jeux réussis, ce n'est pas heureux; emphatique, sans passion: on voit que ces gens-là sont habitués à rabâcher ça tous les jours. Par exemple, ce que j'ai trouvé de parfait, c'est le monologue de l'Avare : jeu superbe, passion réelle, désespoir vraiment peint sur cette grosse tête de vieillard aux cheveux longs, aux pommettes saillantes, courant tout d'un coup après une pause d'un bout du théâtre à l'autre. C'est égal, je m'étais fait des acteurs de profession une meilleure idée. Le tragique, mes amis, faux! archifaux! » Justin était d'autant plus capable de les juger qu'il jouait lui-même avec plus de perfection. Ici encore un travail acharné développe en lui les dons de la nature ; il étudie avec soin le rôle qui lui est confié, il recourt même pour le mieux pénétrer à un curieux procédé. Un soir, le surveillant d'étude constate une émotion insolite :

des têtes s'inclinent, se trémoussent : on se pâme de rire les yeux sur un objet qu'on dérobe soigneusement à ses regards. L'hilarité gagne, le Père redouble de vigilance et saisit enfin le corps du délit ; c'était un rôle de Justin, les marges étaient couvertes de caricatures aussi curieuses qu'innocentes, témoignage éloquent de son zèle pour la déclamation.

Ses succès ne l'enorgueillissent point. Ce qu'il voit dans les triomphes de la scène, ce n'est pas l'honneur : « Dis à la vanité : arrière, écrit-il dans son Journal, et souviens-toi de cet admirable élève qui, dans les moments où il ne paraissait pas, lisait des passages de l'Imitation. » Ce qu'il regrette après une pièce, c'est de n'avoir pas demandé la grâce de condisciples privés du spectacle pour indiscipline. Il se traite même d'égoïste à ce propos.

Non, il n'est plus égoïste, celui qui choisit comme idéal « de récréer les autres sans songer à soi », qui regrette

de « ne s'être pas privé de cinq minutes
de récréation, pour faire plaisir à X » ;
qui recherche de préférence les élèves
les plus délaissés et s'offre pour
compagnon de promenade à ceux qui
n'en ont pas trouvé ; qui, durant une partie de patinage pense à ceux pour qui
l'hiver est rude : « Aujourd'hui et pour
nous l'hiver est riant ! Des patins, de la
glace et du feu ! Demain, s'il plaît à Dieu,
nous irons chez ceux pour qui l'hiver est
un désespoir, et nous leur réchaufferons
le cœur. C'est entendu, et voilà tout le
résumé de ma vie à venir. Réchauffer
ceux qui ont froid, consoler ceux qui
souffrent ; réjouir ceux qui pleurent, nour-
rir ceux qui ont faim, faire voir Dieu à
ceux qui ne le voient pas : voilà la vie, la
vraie vie. »

Nous trouvons encore des preuves de
son bon cœur dans les réflexions émues
que lui inspire une visite faite aux vieillards des Petites-Sœurs, où il est allé avec
ses condisciples faire l'apprentissage de

la charité. Pour rehausser la fête, on avait chanté des chansonnettes : « C'était plaisir, écrit Justin, de voir les vieux, bouche béante, le menton appuyé sur leurs bâtons, ne perdant pas une syllabe. Et les vieilles donc ! Il y en avait une surtout avec un tablier noir. Elle riait ! elle claquait ! Ces bons vieillards ! J'étais ému ce matin, à la chapelle, en pensant que tout petits ils étaient en pension, et que, près de partir, ils y sont revenus. Mêmes habitudes ! mêmes camaraderies ! même joie ! et ils sont heureux, ces bons vieux. Et il y a des gens assez dénués de cœur pour dire en secouant leur bourse gonflée : « Des Petites-Sœurs ! Pourquoi faire ? Il n'en faut plus ! » Pauvres Petites-Sœurs ! pauvres bons vieux ! Et ceux qui les veulent renvoyer ! Des ladres ! du fumier ! »

Avec une affectueuse abnégation, il souligne les succès de ses frères : « C'est plaisir de voir réussir ses frères ! » Il annonce avec joie qu'Alphonse l'a dépassé de 7 rangs au concours d'orthographe ; puis, pour épargner à ses parents quelque dépense, il offre de prendre un train moins rapide aux vacances et d'arriver plus tard à Paris. Dieu sait pourtant si le sacrifice lui eût coûté.

Son cœur bat quand des nouvelles lui arrivent de la famille; il s'attendrit quand les lèvres du petit François laissent passer la première prière : « J'ai reçu hier soir une lettre de Louis. Il me cite un petit trait charmant. Nous avons été bien surpris, dit-il, jeudi dernier, quand, chez bon-papa, François récita le *Benedicite.* Jamais on ne le lui avait entendu dire. Chers anges, c'était Charlotte qui le lui avait appris en secret. »

Que de fois sa pensée se reporte vers l'asile béni qui les abrite. Il cause familièrement avec sa mère, comme s'il était à ses côtés: « Je vous griffonne à la hâte quelques mots, en commençant par vous dire que j'ai froid et faim: froid, car le vasistas est ouvert, il passe du vent par la fenêtre, et le vent est froid; faim,

car le souper approche, j'ai un estomac, et l'estomac crie à l'approche du
souper.

« Je vous dis cela, ma bonne mère, pour
que vous vous figuriez être près de moi,
causant tout à la douce et au repos. Je
suis à côté d'Alphonse, qui cherche dans
l'extrémité de son porte-plume la matière

Il fait si froid !

d'un discours ; toute l'étude est devant
nous ; vous voyez d'ici la double rangée
de becs de gaz, les têtes bigarrées se re-
muant sans cesse, et par derrière ce flot
de cheveux et de boules animées, la
forme du surveillant, brumeuse et effa-
cée. »

Voilà bien Justin avec son cœur aimant,

son esprit fin. Il aime ces causeries dont
sa nature ardente, mais renfermée éprouve
le besoin. Il les anime de sa gaîté. Qui
croirait, à lire ces lignes enjouées, que la
fatigue, la tristesse, abattent son corps et
étreignent son âme ? Plus rien ne trans-
pire de ses angoisses ; il enveloppe de
mystère ses souffrances. Le secret de ce
silence, nous le trouvons dans son Journal : « Si tu souffres, mords tes lèvres et
n'en dis mot qu'au médecin. » Il souffrira
donc seul avec Dieu, et sa patience est
d'autant plus méritoire qu'il entre dans
une passe difficile, où les épreuves l'as-
saillent avec plus de violence.

Les scrupules sont une tentation souvent utile, toujours douloureuse. Elle
s'abattit sur Justin. Il est bientôt brisé
par les coups terribles de ces tempêtes
intimes. On ne peut entendre sans être
ému les gémissements que lui arrache la
douleur : « Bonne Vierge, tu as vu mon
trouble, tu as entendu les sanglots qui
fendent mon cœur. Toi qui es sa mère,

dis, je t'en supplie, à Jésus, qu'il mette un terme à mes affreux tourments ; j'ai l'orage dans mon âme ; dis-lui qu'il y ramène le ciel bleu, qu'il y fasse chanter les anges saints du Paradis. » Pour le consoler, les pères de son âme lui ont parlé de St François de Sales, lui ont cité la prière héroïque de ce saint désespéré ; et Justin, à l'exemple de ce modèle, s'écrie: « O mon Dieu, c'est là ma plus fervente prière, que l'état où je suis ne soit pas la cause d'offenses à votre égard ! St François de Sales, mon bon Ange, prenez-moi dans vos bras.» Quand la tempête le secoue trop fort, il s'encourage à la supporter par la pensée que la vie est courte : « Courage, se dit-il, tu traverses une terre désolée. Ta route manque de ciel bleu, ton cœur voudrait plus de joie et moins de tristesse. Mais ce désert n'est point sans limites; la route est dure, elle ne sera pas longue. »

Justin était sans doute de ces âmes d'élite, auxquelles Dieu envoie les humiliations intérieures, pour éviter qu'elles ne se laissent emporter au souffle de la vaine gloire. Et il a plus besoin qu'en aucun autre temps de ce contre-poids. Car il a conquis le premier rang, il obtient le prix d'honneur; tous s'inclinent devant son mérite et l'entourent de leur respectueuse affection. Ame de toutes les fêtes, il exerce dans la division une véritable royauté; le suffrage de tous dépose sur son front la couronne de sagesse; les congréganistes l'ont élu préfet, et, quoiqu'il relise, « la rougeur au front, dit-il, les noms de ses devanciers », il mérite d'être le modèle de ses successeurs; doué enfin de tous les dons du cœur et de l'esprit, il peut espérer une belle place dans le monde; il n'ignore pas ses avantages, entend une voix qui lui crie: « *Quo non ascendes ?* » et tremble que l'ambition ne l'aveugle sur sa vocation.

Mais Dieu, qui veille sur lui, l'humilie par les scrupules, le dégoûte des joies du monde, éveille chez lui de nobles désirs et de saintes ambitions, lui montre enfin la vanité du talent en lui refusant le suc- cès à l'examen qui doit couronner ses études.

CHAPITRE IV.

La fin du Collège.

Aux yeux des maîtres comme des élèves, le succès de Justin était assuré; les notes qu'il avait obtenues au cours de l'année le faisaient espérer. Avait-il lui-même cette assurance? ne portait-il pas le vague pressentiment d'un revers, lorsque, quinze jours avant l'épreuve, il lisait ses vers à une fête.

> Le baccalauréat, je le dis sans médire,
> C'est un boulet pesant que le ciel, dans son ire,
> Attache aux pieds meurtris de l'innocent forçat.
> Vers toi, douce Marie, inquiet, je soupire;
> Au jeune condamné, Mère, daigne sourire;
> Rends moins lourd ce boulet d'un pauvre candidat
>   Au baccalauréat.
>
> Le baccalauréat n'est pas toujours un bagne;
> Pour de jeunes lutteurs, c'est un mât de cocagne,
> Enduit du haut en bas d'un savon scélérat.
> Le diplôme est en haut, il faut que je le gagne.
> Au moins de ton regard, ô Marie, accompagne
> Un mousse infortuné qui doit grimper au mât
>   Du baccalauréat.
>
> Le baccalauréat tient de la loterie;
> On y court les hasards de la bizarrerie.
> Heureux qui près de Dieu possède un avocat!
> Prends donc nos intérêts dans le ciel, ô Marie.
> Pour prix de mon travail, que ma main, je t'en prie,
> Tire du fond de l'urne un bon certificat
>   Au baccalauréat.

A la surprise générale, il ne le tira pas. Quelle fut son attitude en face de cet échec ? C'est dans son Journal qu'il faut chercher sa pensée intime: « Lundi 11 juillet. Refusé à mon examen de philosophie. Est-ce un avertissement que le bon Dieu me donne ? est-ce pour me rendre plus humble ? Je le crois, car j'ai encore de grands progrès à faire de ce côté. » S'il éprouve des regrets, c'est que la tristesse de ses parents et de ses maîtres le peine. Le soir même, il trouve assez d'énergie pour raconter sa déconvenue au P. Préfet:

Mon révérend Père,

« Me voici forcé d'envoyer partout des lettres de faire part. A la Sorbonne, ça a bien été; j'ai été très courageux, tant qu'a duré une certaine excitation et le désir de ne point paraître ennuyé. Mais dès que je suis rentré au logis, toutes les fontaines de mes yeux se sont mises à couler. Au moment où je vous envoie ce mot, la journée est presque à sa fin, et mes yeux sont encore humides. » Bientôt sa vaillante nature a repris le dessus, il accepte son échec: « La vie n'est pas rose, écrit-il. Le chemin est rude; on y rencontre des éclats de verre. Le mieux, quand on s'est coupé, c'est de sucer son sang, sans mot dire, heureux d'en conserver une partie. » Le 17 enfin, quelque brisé qu'il soit de corps, il a reconquis tout son calme, et il expose, dans une lettre à son frère, les motifs surnaturels de son échec : « Vois-tu, mon cher Alphonse, je suis sûr d'une chose. Notre famille avait des consolations trop abondantes. Nos petits grandissent; nos succès n'étaient point médiocres. Point de discorde entre nous! Au contraire, douce paix, tendre affection! C'était trop beau. Il nous fallait une petite leçon.

« La Providence, dit-on, consulte rarement les hommes. Elle a raison, car le père Adam trouve dans ses descendants de bien mauvais nochers. Ramons à tout rompre, mais laissons le gouvernail à Dieu: il est en de bonnes mains.

« C'est égal, mon amour-propre s'est trouvé là horriblement froissé. Le pis de la chose, ce sont les condoléances tardives: elles arrivent à pic pour vous faire tirer du sac une chose enfouie pour jamais. Malherbe n'eût pas mieux fait, quand il envoyait 3 ans après l'événement une ode de condoléance à un malheureux (veuf remarié) sur la mort de sa première femme. Je te l'avouerai franchement: tout ça a ralenti l'ardeur que j'avais à retourner pour les prix. »

Peut-être trouvera-t-on naturels ces sentiments de honte. Ils étaient trop naturels, et Justin avait l'âme trop noble, pour n'en pas voir la petitesse. Il surmonta cette fausse honte ; il retourna à Boulogne, le voyage le rasséréna ; il écrivait au retour : « J'ai été aux prix, et la paix est entrée dans mon cœur. D'ailleurs j'ai été très consolé par mes succès. »

La joie et la tristesse se mêlent donc à

la suite de son échec, mais une grave question se pose dont la solution cherchée pendant les années précédentes s'impose à la fin du collège. Vers quel but ramer ? Comment trouver son chemin sur la mer du monde ? A quel souffle tendre sa voile ?

Tout jeune encore, Justin voulait être médecin ; « mais, disait-il, ces idées d'enfance sont parfois comme des idées folles, qui s'en vont, lorsqu'on revient à soi. » Nous ne le trouvons guère dans ses lettres préoccupé de son avenir avant la rhétorique. En 1886, il s'en ouvre pour la première fois. Cette ouverture avait été provoquée par une question de son père ; il n'y répond que par des incertitudes : « J'aurai bientôt 18 ans. J'ai des passions comme en a tout jeune homme ; le bon Dieu m'a éprouvé en me donnant une nature scrupuleuse et inquiète. C'est pourquoi je suis triste quelquefois. Après la vie de collège, les mille tourbillons du monde. Que ferai-je ? Je ne sais. » Vers la fin de mai, il cherche encore sa voie, mais l'idée d'être médecin semble abandonnée. Cette profession exige des forces corporelles sur lesquelles Justin ne croit pas pouvoir compter. Puis son caractère hésitant, perplexe, est un obstacle : « Que ferai-je, s'écrie Justin, devant un malade? Le traiterai-je par ce médicament-ci? par celui-là? Celui-ci aurait son effet pour telle et telle raison ; celui-là pour telle et telle autre. Ce troisième ne serait pas mauvais non plus. Lequel choisir? Et voilà le malade attendant son médecin. » Justin était le premier à gémir de cette indécision ; il confiait sa désolation au ciel avec une naïve simplicité : « Bon ange, va trouver le bon Dieu, et dis-lui : Mon Dieu, celui que vous m'avez confié cherche en vain sa route ; manifestez-lui clairement les ordres de votre sainte volonté, il est prêt à dire : *Fiat!* » Il se désolait surtout, quand son père, préoccupé de son avenir, lui écrivait pour provoquer de nouvelles ouvertures : Justin s'efforçait de dévoiler sa pensée intime et se lamentait de ne répondre que par l'aveu de son impuissance : « Ne me grondez pas, ajoutait-il. Si vous saviez comme il est pénible de se dire à 19 ans : je ne vois rien ! »

La lettre de son père eut au moins ce résultat d'amener une décision partielle. Justin avait pour le dessin une aptitude peu ordinaire. Il le cultivait avec soin, et ses rapides progrès, joints à ces éloges flatteurs dont l'amour-propre exagère encore la portée, lui avaient ouvert des horizons enchanteurs. Il demanda conseil. Le P. Préfet répondit à Justin que ses dispositions, quelque belles qu'elles fussent, ne sortaient pas assez de l'ordinaire, pour qu'il pût raisonnablement se lancer dans cette carrière. Le conseil était sage. Justin avait trop de bon sens pour ne pas le reconnaître. Adieu donc les rêves d'artiste ! Le dessin ne sera pour lui qu'un art d'agrément. Toutefois ce n'était là qu'une solution négative. Pour en obtenir un autre, Justin établit le bilan de ses ressources et de ses désirs : « Le monde m'effraie, car ma pente vers le mal est effroyable. L'état religieux m'offrirait un abri sûr contre les séductions du dehors, mais ne serait-ce pas engager un caractère indépendant dans des liens où il serait fort malheureux ? Je me sens très porté vers la vie de famille. Mon idée serait de faire mon droit, de me rendre fort en tout, et d'écrire des vers, de la prose, de la musique pour la cause sainte. Nous nous mettrions à plusieurs pour fonder des associations catholiques. De là nous rayonnerions chez l'ouvrier comme chez le riche, chez l'ouvrier surtout qui en a besoin à cette heure de crise. Mais j'ai peur que tout cela ne soit de pures illusions de jeune homme. »

Nobles illusions qui envahissent les âmes d'élite, et que Dieu dissipe, quand vient l'heure de révéler ses desseins. Justin espérait que cette heure allait sonner bientôt ; il annonçait avec joie l'ouverture de la retraite : «Grâce à elle, sans doute, mon sort sera fixé, ma vocation détermi-née, mon chemin tracé. » Elle s'ouvrit le 21 mai. Dire que Justin la fit avec ferveur est assez inutile. Nos philosophes y ap-portent le sérieux que réclame un des actes décisifs de leur vie.

Cependant la lumière ne se faisait pas. Dans ses notes de retraite, Justin accu-mule des résumés d'instructions, des frag-ments de lectures, mais on y cherche en vain la note personnelle : la voix de Dieu se taisait. Dieu a son heure; il jugea bon de laisser Justin dans l'incertitude. Il fit part à son père de ce mécompte : « Vous êtes assurément désireux de savoir si ma vocation est enfin décidée. La vérité est qu'elle ne l'est point encore ; mais le pro-blème est en bonne voie, car ces jours de réflexion ne peuvent être perdus. » Oui, en dépit des apparences, il était en bonne voie. Si Dieu, pour des raisons dont il s'est réservé le secret, n'avait pas fait la pleine lumière, il avait assez éclairé la route, pour que Justin marchât sans retard jusqu'au jour où il reviendra demander à la solitude de Notre-Dame la parole révélatrice.

Quand j'étais petit!

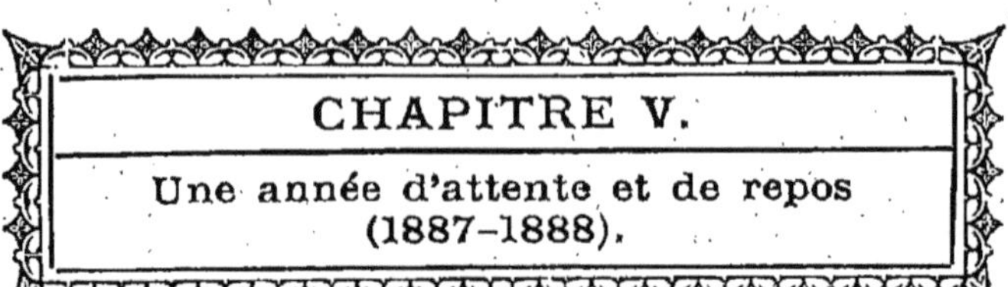

CHAPITRE V.
Une année d'attente et de repos (1887-1888).

« L A vie n'est pas toujours semée de roses », disait Justin. La tendresse même d'une mère ne peut écarter la souffrance du chevet de son enfant. Justin, peu de jours après son examen, en fit la douloureuse expérience. Pour la première fois, la maladie menaçait sérieusement ce corps débile. Ce ne fut qu'une alerte ; il se remit, mais il fallait du repos. Justin resta dans sa famille, et l'année s'écoula dans ces alternatives de mieux et de rechutes.

La vie de famille fut sa seule distraction ; il n'en voulait pas d'autres et se pliait avec peine aux nécessités qui l'obligeaient à en sortir. Mais, dans l'intimité, il se dépensait, il était l'âme des fêtes, organisait des divertissements, composait des poésies, chantait des chansons, jouait des pièces, entretenait autour de lui une gaieté franche et cordiale.

Il eut soin d'ailleurs, malgré sa débile santé, d'occuper toutes les heures de la journée. Le dessin lui est une précieuse ressource ; ses lettres portent la trace de ses goûts ; sa plume agile en quelques traits reproduit une scène.

Puis, pour se délasser, il passe de son chevalet à son piano. Il ne se contente même plus d'exécuter, il compose. Les prémices de son talent sont consacrés à la sainte Vierge. Son premier morceau est un *Ave Maria*. Comment l'annoncer à ses frères ? Les talents naissants ont de ces pudeurs ; le bruit les effarouche. Justin glisse un mot de son chef-d'œuvre, le doigt sur les lèvres : « Venez çà, mes frères, que je vous dise ! c'est un secret. Allons ! l'un après l'autre ! Vous ne le direz pas ? Je vous le confie à cause de votre fidélité : c'est un secret. Tenez ; le voici tout bas. Je suis en train de composer un *Ave Maria*, oh ! mais un très bel *Ave Maria*. » Il rêva même de projets plus grandioses, si grandioses, qu'il n'en confia le secret à personne ; c'était comme un ample Oratorio. Rien ne fait croire qu'il en ait poursuivi l'exécution.

Toutefois le meilleur de son temps était réservé à des études plus sérieuses. Octobre et novembre furent consacrés à la philosophie. Bientôt l'échec fut brillamment réparé. Justin conquit le diplôme avec la mention : Bien. Quelle joie au fond du cœur : « Mercredi 23 novembre. Reçu ! Merci, mon Dieu ! Cher petit cahier, je vais enfin pouvoir causer plus souvent avec toi. Viens, que je t'embrasse ! Si je pleure, tu pleureras ; si je ris, tu riras avec moi. Je puis enfin apprendre, chanter, lire à mon aise. »

La lecture avait un attrait particulier pour son esprit curieux, la lecture avec notes. Il ne lisait pas en courant, mais, — c'est son expression, — à la façon des ruminants ; il revient sur ce qui lui plaît. Il a un auteur de prédilection, Louis Veuillot. La première fois qu'il avait fait avec lui connaissance intime (c'était en rhétorique), il avait porté sur le grand écrivain ce sage jugement : « Pauvre cher homme ! A-t-on tapé dessus ! Heureusement qu'il avait les épaules solides. Et puis le bon Dieu lui avait donné des griffes, et il s'en est servi. Le loup était dans la bergerie. Il l'a vu et il a crié : au loup ! Je trouve que c'est l'homme qui avait le plus d'esprit et le meilleur cœur.» Aussi son premier soin fut-il d'acheter les ouvrages de son auteur favori : « 4 forts volumes, écrit-il à son frère, composant trois ouvrages d'un auteur que j'aime. — C'est de ?... — C'est du Veuillot. — Les titres ? — Ah ! — Quoi donc ? — Ah ! — Parle vite. — Comment ! tu achètes ça ? — Ma foi ! c'est vrai, ça doit sentir mauvais, les Odeurs de Paris. — Oui, as-tu de l'eau de Cologne ? — Non, mais j'ai le parfum de Rome. — Ah ! voilà qui sent bon. »

Ses lettres sont le reflet de ses lectures; il s'entretient volontiers de ses auteurs préférés, de ses héros aimés : « J'ai lu

Garcia Moreno, s'écrie-t-il. Je voudrais
être un Garcia. Qui le sera en France ?»
Le temps qu'il consacrait à sa correspon-

dance n'était donc pas entièrement dérobé
à la lecture ; c'était encore une manière
de ruminer.

Ce commerce intime avec ses frères était d'ailleurs un besoin pour lui. La fin des vacances qui, pour la première fois depuis trois ans, ne le séparait point de sa famille, lui avait enlevé Alphonse et Joseph. La peine fut vive ; il en fit la confidence à son Journal : « Mercredi 5 octobre. — Ces pauvres chéris sont partis! Bonne mère, je vous les confie. » Mais son chagrin n'est pas égoïste ; il songe que d'autres sont plus tristes que lui, et, dès le lendemain du départ, il leur envoie ces chrétiennes et pittoresques consolations : « Je suis très heureux, (vu ma raison, mais non selon mon cœur,) d'être séparé de vous. Voilà qui est étrange! Soyez tout oreilles! Je suis persuadé que cette séparation forcée me fera vous aimer davantage. Pour vous parler un langage que vous goûtez quelquefois, comme moi d'ailleurs, supposez-vous privés pendant plusieurs années de pommes de terre frites. Au bout de ce temps, vous les trouverez meilleures, n'est-ce pas ? Hé bien ! c'est quelque chose comme cela. La famille, c'est une pomme, mais une pomme d'or. Pour la trouver succulente, il faut s'en voir souvent frustré. »

Il appelle les vacances avec plus d'ardeur qu'il n'en mettait à les désirer au collège: « Huit jours encore, et les cris de joie sortiront de chez nous. Quelle belle invention, les vacances ! » Mais les vacances sont si courtes, et Boulogne est si loin ! les chers exilés réclament des nouvelles. Justin est le chroniqueur attitré de la famille ; les plus pâles incidents prennent une couleur sous sa plume ; et, quelque sujet qu'il traite, il sait déjà glisser entre deux plaisanteries le mot du ciel. Voici par quels pieux souhaits il termine une lettre badine : « Écoute-moi, frère ami, je te souhaite bien du bonheur sur la route de la vie, mais la route bonne et heureuse est celle qui mène au but. Je te souhaite le but. Voilà mon plus beau vœu pour toi. Ce n'est pas le seul. Aie la santé du corps, mais sache t'en passer ; aie surtout la douce paix de l'âme, paix de l'esprit et du cœur. Si Dieu te refuse ces dons, frère ami, aie l'énergie du caractère et une bonne volonté à toute épreuve. »

Elle lui était nécessaire à lui, cette énergie, car les souffrances de l'âme s'ajoutaient aux infirmités du corps ; les scrupules pesaient sur sa conscience, et il ne trouvait pas toujours à sa portée un directeur qui le déchargeât de ce poids. En vain recourut-il au ciel, pour obtenir que le fardeau fût allégé. Dieu savait que son âme vaillante et pure sortirait de ces tribulations plus limpide et plus forte, il le laissait dans l'angoisse, sans le priver cependant de la joie surnaturelle. Il n'est guère de mal que Justin ait plus redouté que la tristesse ; il la fuyait avec soin ; il cherchait à en préserver les autres : « Veux-tu être sage ? Écoute ! pends la tristesse et le diable. La tristesse, c'est le diable. Quand tu ne ris pas, le bon Dieu n'est pas content ; quand tu ris, il est dans ton cœur. Ris donc. » Cette paix, c'est le trésor que Dieu laisse aux cœurs purs et droits, même quand il les a dépouillés des autres.

Justin possédait cette pureté et cette droiture. Il avait l'horreur du mal ; déjà son âme s'orientait, comme attirée par un aimant mystérieux, vers ce Dieu que sa foi lui faisait découvrir en tout. Il acceptait les épreuves qui venaient de sa main ; il cherchait uniquement à suivre sa sainte volonté. L'heure était enfin venue où Dieu allait la lui découvrir, et chasser toutes ces incertitudes.

Le Père Préfet l'avait invité dans le cours de l'année à revenir passer un mois à Notre-Dame. Le vendredi 11 mai, il accourait, et, à peine débarqué, envoyait à ses parents ce mot ému : « Vous dire l'accueil des Pères ! vous le devinez, je le devinais aussi. Mes frères ont été fort joliment surpris. Ils ne m'attendaient guère avant la retraite et ne pensaient point à moi. J'arrive en cour ; un frémissement parcourt les bandes houleuses ;

mes frères m'aperçoivent, me sautent au coup, m'embrassent, et mille mains, immobiles pendant cette scène, n'en attendent que la fin pour serrer la mienne. Je suis ému et gauche. »

Son cœur se dilate à cette chaude réception, comme sa poitrine au vent de mer. Il est ravi, il est pressé de communiquer à de vieux amis, moins heureux que lui, le bonheur qu'il éprouve : « Tu me demandes ce que je puis faire ici, un mois durant, sans occupations. Ce que je vais faire? Vois-tu sur la jetée ce pantalon carreau et cette canne bon goût? C'est moi. Vois-tu ce dessinateur assis près du ruisseau limpide? c'est moi. Vois-tu ce pékin chantant à tue-tête? c'est moi. Ce retraitant fantaisiste au milieu de retraitants en uniforme ? c'est moi, toujours moi. Ajoute à cela la besogne ardue d'apprendre un rôle pour la pièce, et tu verras si je n'ai rien à faire. »

Justin avait en effet accepté de reparaître encore une fois sur cette scène,

témoin de ses triomphes. Avec quel plaisir! d'autres artistes, qui, comme Justin,
se sont prêtés à tenir un rôle pour la plus

Sur la jetée.

grande joie de leurs jeunes successeurs,
pourraient seuls nous décrire la délicate
volupté qu'on goûte à savourer les ap-

plaudissements d'anciens maîtres et d'anciens condisciples.

Justin n'y fut pas insensible, mais la grande affaire pour lui, c'est la retraite. Le premier mot qu'à Boulogne il jette sur son carnet, peint au vif la disposition de son âme : « Parlez, mon Dieu, votre serviteur écoute. » En vain l'enfer tente de troubler sa paix, et lui souffle ces désolantes pensées :

> Dans ces lieux, la lumière est rare et fugitive,
> Le jour qui doit venir ne viendra pas ici.

Justin déjoue les ruses de l'ennemi, oppose à ses assauts une inébranlable confiance, et adresse à Dieu cet appel :

> Et j'espère, et j'attends, je vois, je chante même ;
> Car, faible, j'ai ta main, et troublé, ton amour.
> Le froid, la nuit, la mort, tout ! pourvu que je t'aime,
> Mon Dieu ! c'est là mon rêve en attendant le jour.

Affermi par sa propre vaillance, ranimé par la voix toujours écoutée du P. Préfet, il aborde la retraite avec calme et foi. Dès le premier jour, la grâce abonde. La pente de son cœur est à l'apostolat. Mais sous quelle forme l'exercer ? « Journaliste ou Jésuite : voilà mes désirs. » Sans que Justin s'en doute, Dieu éclaire la route pénible où il va conduire ses pas : « Peut-être, continue-t-il, n'est-ce point votre volonté : qu'elle soit bénie! Si vous le voulez, Seigneur, frappez mes facultés de stérilité ou d'impuissance, je suis prêt. Mais du moins donnez-moi la force de supporter pareille épreuve, et n'abandonnez pas ma faiblesse.» C'étaient les premières lueurs ; la grâce va dissiper les dernières ombres ; la lumière se fait éclatante. Dès le second jour, l'appel de Dieu retentit ; Justin l'entend ; par prudence, il discute, il raisonne encore, puis il interrompt brusquement l'analyse : « Mais, mon Dieu, ai-je besoin de continuer ? Vous m'avez gagné, j'en suis presque sûr, et je vous supplie, bon Jésus, de continuer en moi l'action de votre grâce. Oh ! je ne veux plus vous quitter. Ne m'abandonnez pas dans mon immense faiblesse ; prenez-moi dans la famille de vos saints. »

Le troisième jour, éclairé par les méditations, en présence de Dieu dont la pensée a rempli sa solitude, il se recueillit plus profondément, et choisit la route que lui montraient la raison et la grâce ; il se résolut à entrer au noviciat, aussitôt que sa santé le lui permettrait. Puis la retraite s'acheva dans la paix et dans l'amour.

Douze jours s'écoulèrent, avant qu'il osât annoncer sa résolution à ses parents. Le 19 juin, il écrit une longue lettre à son père et, vers la fin seulement, comme s'il hésitait à porter le coup douloureux, il s'ouvre de sa résolution : « J'arrive à l'endroit le plus sérieux de ma lettre. Vous verrez s'il pouvait m'en coûter de dire le fond de ma pensée, et vous me pardonnerez d'avoir retardé ce moment pénible.

« Je sais toutes les objections que soulève votre affection pour moi. Mon cher petit père, je vous l'avoue : toutes les fois que mon cœur s'est senti de l'attrait pour la vie hors du monde, jamais il n'a songé au clergé séculier. Là n'est point mon affaire. A d'autres l'initiative, les décisions, le calme et la prudence et tant de qualités qui font les vrais curés ou vicaires. Pour moi, j'ai besoin de règle, c'est sûr, et mon âme inquiète, aventureuse, d'une ambition démesurée, s'accommoderait mal d'un reste de liberté. Je veux être Jésuite.

« A peine osé-je le dire, car j'entends toutes vos objections :

1° « Vous seriez-vous fait Jésuite, si vous étiez resté chez les Frères ?—Je ne sais, mais la Providence n'a-t-elle pu me mener ici pour m'attirer doucement à une vie plus en rapport avec mon esprit et mes goûts?

2° « Que de bien à faire dans les paroisses ! — Sans doute, mais y ferais je du bien, moi, que la raison et le cœur ne poussent pas de ce côté? On ne fait vraiment du bien que là où le bon Dieu nous veut. Or Dieu me veut-il là ?

3° « L'indécision où vous êtes me fait peur. La vocation doit être spontanée, certaine ; celui que Dieu appelle va droit au but, sans s'occuper des obstacles. — Or, nous a-t-on dit, presque jamais la certitude n'est complète, et il n'est pas rare de voir des vocations pourtant sérieuses se décider après de longues années de doute et de trouble.

« Je sens, mon cher petit père, combien votre cœur doit encore soulever d'objections, et mon regret est de ne pouvoir y répondre comme je voudrais.»

Les derniers mots sont destinés à rassurer sa famille ; il n'était pas question de séparation immédiate. Le directeur de la retraite jugeait qu'il fallait attendre, pour réaliser ses projets, une amélioration sérieuse dans la santé de Justin. Ce mieux si désiré, toujours espéré, ne se produira jamais. Si Dieu, dans la solitude de Notre-Dame, lui avait donné le désir de la vie religieuse, ce n'était pas qu'il voulût lui en faire goûter les douceurs ; c'était pour l'élever, par l'espérance d'une vie plus parfaite, au-dessus des soucis et des intérêts matériels, pour le détacher, par la pensée d'un renoncement plus complet, des affections légitimes de la famille : c'était enfin pour le sanctifier par le sacrifice le plus dur à un cœur généreux, le sacrifice de sa vocation.

Justin reconnaîtra cette conduite de la Providence, et, dans ses derniers jours, il écrira ces lignes attristées, mais où perce une noble résignation : « Je voudrais être pauvre de JÉSUS-CHRIST, mon Seigneur ; mais n'est-ce pas la suprême pauvreté que d'être privé de cette suprême joie et de ce trésor des trésors ? »

Boulogne-sur-Mer, mardi, 2 octobre 1888.

Mon bien cher Père,

ON ne sent guère la valeur des biens qu'on possède, quand on est à même d'en user. Je vous assure que cela est très vrai et s'applique parfaitement à l'état présent. Autre chose est de dire, quand on est en famille : je suis prêt, si Dieu le veut, à la quitter pour ma vie entière ; autre chose est de se résigner complètement, quand on est seul, loin de ceux qu'on aime. Je m'en aperçois cette année ; cela du moins me sera fort utile pour me préparer si mon devoir l'exige, à toute l'étendue du sacrifice. »

Une nouvelle vie avait commencé pour Justin. Il avait bien voulu prêter son concours à ses anciens maîtres : à la rentrée de 1885, il était devenu professeur au petit collège Saint-Joseph fondé à

Boulogne même pour les plus jeunes

élèves de la ville.

Pénétrons avec Justin dans sa nouvelle

demeure : « Ma chambre est un vaste carré : 3 mètres de haut, 5 de long, 4 de large. Papier à fleurs, deux fenêtres, une table grande et fort haute, une chaise petite et basse, quatre portes passablement vermoulues, un recoin, deux recoins, trois recoins : le premier servant de ca-

binet de toilette, le second d'antichambre, et le troisième de lingerie; enfin une cheminée où l'on doit faire du feu, mais dont le système m'est entièrement inconnu.

N. B. J'ai appris depuis qu'on y met un poêle. »

Ce poêle, ce fut le grand tourment de Justin; il souffrait beaucoup des rigueurs de la saison: « Je gèle, écrit-il. On est venu ces jours-ci, me poser un poêle de Tantale, sans placer ni tuyau, ni plaques de zinc. » Et quand le fumiste a placé le tuyau, nouveaux déboires : « le tuyau est troué, et le mâtin pourrait bien fumer sa pipe dans la chambre ». C'est prendre par le bon côté les petites misères de la vie que d'en plaisanter ainsi. Et Justin fait mieux que d'en plaisanter ; sa vertu trouve son compte à toutes ces mortifications ; ce sont de bonnes occasions de souffrir, il tient à ne pas les manquer.

Il se plaît dans sa cellule ; elle est pauvre, étroite, mais propre ; tout y est dans un ordre irréprochable. Pour réparer le moindre désordre, il prendra sur ses autres occupations. Il interrompt brusquement une lettre : « Je suis sur ma chaise, en posture d'écrivain ; pardonne-moi, ma table est dans un accablant désordre. Que je l'arrange ! Plions ce foulard ! Serrons ce cahier ! Nettoyons ce bougeoir rempli d'allumettes ! Que font ces livres

en ruine ? et cette gomme ? et ces jour-
naux ? ce diapason ? cette brosse ? ce
buvard égaré ? ces ciseaux ? J'ai honte de
t'écrire au milieu d'un tel chaos. »

Quelque négligence eût été cependant
pardonnable. Ses occupations sont si diverses, et ses fonctions si absorbantes! Il
n'a que deux minutes entre le cours de
dessin et la leçon de chant, pour déposer
le fusain et prendre le solfège. Il est surveillant d'étude, de corridors, chantre,
professeur de solfège, d'allemand et de
dessin: « Tout cela est joli, dit-il, et m'a
donné tous ces jours-ci fort à combiner. L'allemand est à commencer. La méthode de
dessin est à trouver. Quant au solfège,
c'est un chaos, les uns ne sachant rien, les
autres sachant un peu; ceux-ci avec une
bonne voix et pas de science; ceux-là avec
de la science et pas de voix; dans tous les
cas, une situation d'esprit voisine de la
turbulence ou de l'indifférence. Pour le
moment, je cherche à m'orienter : c'est
difficile. »

Malgré la multiplicité de ses attributions, et en raison même de cette variété, il avait un service fort doux ; s'il y mettait quelque contention, c'était uniquement à

cause de la perfection qu'il y voulait apporter. A ses débuts aussi, il avait peine à comprendre que le professeur dût répéter sa leçon pour la faire pénétrer : « Je voudrais vous y voir, ma chère mère.

Un jour que vous aurez le temps, venez donc et essayez d'apprendre leurs notes à ce gros massif et à cette tête légère. Dites-leur pendant trois mois que le *mi* se place sur la première ligne, le *sol* sur la seconde, et le *si* sur la troisième. Puis au bout de ce temps, contente de vos efforts, demandez à ce gros massif : « Sur quelle ligne se place le *sol* ? — Sur la quatrième ligne, monsieur. — Juste ciel ! mais, pâté de graisse, savez-vous que... et vous, tête légère, quelle note se place sur la seconde ligne ? — Le *fa*, monsieur ». Je suis sûr que vous bondiriez d'indignation et que, tremblante de colère, vous les réduiriez tous deux à l'état de pâté de lièvre. C'est en effet l'envie qui me prend. »

Justin savait se dominer, mais il garda toujours une certaine raideur. Il fournit une carrière trop courte pour se défaire de ce défaut et acquérir la mansuétude nécessaire aux maîtres, surtout avec de jeunes enfants. Son extérieur froid inti-midait ses élèves, habitués aux effusions de la tendresse maternelle. Du moins, il sut leur imposer ce qui est plus nécessaire que l'affection : le respect et l'obéissance. On lui obéissait parce qu'on le respectait, et on le respectait, parce qu'on sentait en lui l'homme du devoir.

C'est dans cette paisible retraite qu'il passa quatre années. Nul événement extraordinaire ne troubla la régularité de son existence. Il attirait peu les regards. Rien ne révélait le secret de sa perfection. On devinait plutôt qu'on ne voyait une âme d'élite. Cela tenait autant à l'humilité qu'à la réserve naturelle de Justin. Il voilait ses qualités; il fuyait la louange avec excès, nous osons le dire; car son humilité éteignit peu à peu l'éclat de son talent.

Il maniait avec aisance la plume et le crayon. Longtemps il les mit au service de la joie commune. Le soir, quand les professeurs, pour se délasser des soucis de la journée, se livraient aux charmes d'une partie de dominos, Justin, trop fatigué pour donner à ce jeu l'attention qu'il

exige, suivait au moins des yeux et re-
produisait à la plume les péripéties de la
bataille. Le petit album sur lequel il
jetait ses illustrations eut un grand succès,
trop grand sans doute, car on eût beau
l'encourager, lui présenter toutes sortes
de projets; il y renonça, craignant, dans
l'excès de sa délicatesse, de se mettre trop
en évidence.

Ses lettres étaient joliment illustrées,
mais un jour les dessins disparurent, et à
son frère qui lui en réclamait de nouveaux, il répondit qu'il craignait d'exciter
une folle joie chez les autres.

En carême, il s'interdit de composer,
de se mettre au piano; il supplée ainsi
aux pénitences que ses forces ne lui per-
mettent pas de faire. En dépit de sa frêle
santé, il recherche la mortification avec
l'ardeur que d'autres mettent à la fuir:
« Industrions-nous, écrit-il, à trouver des
sacrifices. Un air très joli vient en tête;
on s'apprête à le fredonner, on ne le
chante pas. On voudrait savoir d'où vient

le vent par curiosité, on ne le cherche pas. Une mouche se pose sur la joue, on ne la chasse pas. » Et la théorie n'était pas pour lui un thème à vaines déclamations; il la faisait passer dans la pratique. Loin d'aimer le confortable, si cher à notre siècle, il avait en horreur le commode, tout ce qui rend la vie douce, alors que N. S. l'a voulue mortifiée. Un jour qu'il revenait du Bon Marché, il dit à son compagnon : « Je suis outré de ce luxe qu'on étale partout ; en voyant tout cela, qui est-ce qui pense à se mortifier et à faire pénitence ? »

On comprend qu'avec ces pensées il n'aimât ni la foule, ni les fêtes. Il visita l'Exposition Universelle, mais il n'y vit « qu'une foire admirable où 100,000 personnes viennent chaque jour saturer leurs yeux, leurs oreilles et leur nez de tout ce que le génie de l'homme peut faire sur la matière. J'exècre cette Exposition. Si on y parlait de Dieu, si l'on y voyait son nom inscrit çà et là pour lui faire l'of-

frande de toutes ces merveilles, si l'art,
l'industrie et le commerce, s'unissant dans
un même effort, essayaient de se faire ses
instruments, à la bonne heure ! vive l'Exposition ! Mais où est Dieu ? La pitié que
je ressens pour elle ressemble à celle que
j'aurais pour un artiste de génie qui em-
ploierait tout son art à faire des ensei-
gnes. »

Le seul résultat de ces divertissements
était de le dégoûter du monde. Il avait
d'autant plus de mérite à faire le sacrifice
des joies humaines, que Dieu lui refusait
les consolations surnaturelles.

Les troubles, les scrupules sont plus
fréquents et plus terribles. Il en vient
à regretter le passé, et l'expression de
sa douleur remplit dès lors les pages
désolées de son Journal ; il se débat
contre la plus douloureuse des tentations
pour une âme éprise de Dieu. Ce Dieu
au service duquel il aspire à s'engager,
pour qui il verserait son sang, il ressent
un horrible désir de le blasphémer : « A

tout propos, écrit-il, les mots les plus grossiers et les plus insultants me viennent à l'esprit contre n'importe qui et même contre le bon Dieu. C'est comme mille voix qui font dans mon âme un bruit insensé. Les uns disent : Mon Dieu, je vous aime ; les autres : je me moque de vous. A quelles extrémités je me porterais dans ces moments de crise, si votre grâce ne me soutenait. »

Il cherche à se consoler par la lecture des livres spirituels ; l'exemple du P. de Ravignan, « qui lui aussi souffrit des peines intérieures terribles », lui rend la confiance ; il va chercher à l'autel Celui qui sèche toutes les larmes, et, quand il l'a reçu dans son cœur, il lui proteste qu'il l'aime. Les jours où il a communié, la tempête s'apaise, le calme renaît, mais, hélas ! pour disparaître avec le jour. Alors Justin n'a plus, pour se soutenir, que les pensées de la foi : « Courage, se dit-il à lui-même, pauvre enfant que tu es, il faut que la pureté et l'immolation de ta vie crient miséricorde vers le ciel. Ne t'arrête pas ! Ne n'étonne pas ! Va ton chemin au milieu des tortures de l'âme, des torpeurs et des souffrances du corps. Va ! la lumière est là ! ton Dieu est là. » Il allait son chemin. Si sa santé mettait toujours un obstacle insurmontable entre lui et la vie religieuse, il s'y préparait du moins, s'essayait à la pratique de la pauvreté, de l'obéissance ; appelait de ses vœux le jour où il lui serait permis de renoncer au monde et soupirait en pensant au bonheur de ceux qui le quittent : « Mon frère Alphonse a dû prendre la soutane aujourd'hui. Mon Dieu, ayez pitié de moi ! » Un autre jour, témoin des grands vœux du nouveau P. Préfet, il écrit à son frère : « Si c'est la volonté du bon Dieu, nous ferons aussi nos grands vœux ; si ce n'est pas sa volonté, nous ne les ferons pas, et Dieu soit loué ! » Mais, trop pratique pour remettre à une époque indéterminée le travail de sa sanctification, il se dit à lui-même: « N'attends pas que tu sois Jésuite, pour te mettre résolûment à l'œuvre ! qui te dit d'ailleurs quand et si tu seras Jésuite ? »

Il se met donc en marche et chaque jour avance dans ce chemin pénible de la perfection où « l'on grimpe plutôt qu'on ne marche ».

Il ne se contente même pas d'y marcher à grands pas, il essaie d'y entraîner les autres, il y exhorte ses parents avec une respectueuse audace, il y pousse ses frères avec plus de liberté.

Quand Alphonse est à la caserne, il l'excite à se sanctifier dans ce milieu profane : « Tu sais ce que Bonaparte, lui écrit-il, disait après la défaite d'Aboukir. Se voyant pour l'instant dans l'impossibilité de sortir de l'Égypte, et de regagner la France: Il faut, s'écria-t-il, que nous sortions de là grands comme les anciens. Pauvre isolé, toi aussi, tu soupires après la patrie, tu te dis : Ne pourrai-je bientôt m'y rendre ? me faudra-t-il rester encore longtemps dans ces lieux où l'on ne vous aime point, mon Dieu ? Parodions, mon cher Alphonse, les paroles de Napoléon, et disons : Puisqu'il faut en passer par là, luttons comme des hommes de cœur ; il faut que nous sortions de là grands comme des saints. »

Il étend son apostolat en dehors de sa famille. Très aimé de ses condisciples, il avait compté beaucoup d'amis au collège ; mais on sait ce que durent ces amitiés. Elles sont passagères comme les circonstances qui les ont fait naître. Il en va autrement de celles qui ont pour base la vertu ; celles-là sont rares. De ces amis, avec qui l'on échange sans crainte ses pensées, parce qu'on sait que de leur cœur ne sortira rien que de céleste ; de ces amis qui s'aiment en Dieu et pour Dieu, on en rencontre peu. Justin eut le bonheur d'en trouver plusieurs.

Quand il fut séparé d'eux, il conserva avec eux un commerce intime de lettres ; ils avaient gardé ces précieux monuments de son zèle et de sa charité ; mais son humilité nous les a dérobés en partie. Rendant visite à l'un d'eux, il apprit que sa correspondance avait été conservée, il obtint qu'elle lui fût remise, et se hâta de détruire ces témoins qui eussent pu livrer le secret de sa perfection.

Nous glanerons dans les lettres qui nous restent l'idée qu'il se formait de l'amitié chrétienne. Ce n'est plus pour lui ce rêve poétique que l'on fait à seize ans : aller à deux dans la vie, se consoler des fatigues de la route, par le plaisir qu'on prend à la faire ensemble. Jadis il l'avait chantée, cette amitié.

> Le mont grandit, la pente est raide,
> Mais le Seigneur veut qu'on s'entr'aide,
> Ami, ne te plains pas du sort.
> Pourquoi pleures-tu ? Ta main tremble ;
> Viens, nous ferons la route ensemble,
> N'être pas seul, c'est être fort.

Les épreuves sont venues. L'amitié lui apparaît moins comme un plaisir que comme un devoir : « Mon Dieu ! comme la vie change, et se déroule différente de ce qu'une imagination jeune a pu concevoir ! mais il y a dans ces déceptions et ces peines des leçons et du profit pour l'âme. Mûrie par une expérience quotidienne, elle voit dans l'amitié moins une consolation qu'un devoir béni et la seule joie qu'elle revendique est celle d'avoir aidé une autre âme à aimer davantage ce qui est bien, vrai et beau.

Consoler, aider, relever, montrer le but de la vie et son éternelle récompense, chercher soi-même quelque appui pour marcher plus ferme dans la voie du bien, voilà l'amitié, la vraie, la forte, la solide, l'inébranlable amitié chrétienne.

Quand l'amitié est fondée sur cette base, inutile pour l'alimenter d'emprunter ces banalités qui sont le fond de tant de lettres ; ce qui intéresse ces amis, ce sont les progrès du règne de Dieu en eux et chez les autres. Vivent les œuvres ! vivent les grandes causes ! vive la sainte Église ! vive le Pape ! comme la vie change d'aspect et s'illumine de clartés sereines quand on la considère à

son vrai point de vue ! Je prie Dieu qu'il
continue à te protéger ; j'exulte de joie en
pensant que tu ne crains pas de te singu-
lariser et de mener une vie foncièrement
chrétienne dans une ville où la jeunesse
est si égoïste et si adonnée au plaisir.

Prions l'un pour l'autre, mon cher, soyons
vraiment les dévots du Sacré-Cœur, les
fidèles de la Vierge Marie. Et puis, adieu,
va ! Les bousculades, les heurts, les troubles, les contradictions, les fatigues, les
croix de toutes sortes ne nous enlèvent

jamais les visions anticipées du grand jour et du grand repos. »

Les croix devenaient cependant plus nombreuses et plus pesantes. Pendant 4 ans, Justin avait vécu à Chanlaire, séparé, il est vrai, des siens, mais aux vacances il jouissait de leur conversation ; au collège même, des amis, des Pères lui formaient comme une famille. Dieu lui demandait un détachement plus complet, et Justin accepta sans murmurer l'arrêt de la Providence, qui le conduisait à la sainteté par le sentier des peines intérieures, du sacrifice et de l'anéantissement.

LA santé de Justin ne s'était pas amé-
liorée, les forces ne revenaient pas.
Il était donc à propos d'essayer d'un traitement plus énergique. Justin même le
désirait. L'exil l'effrayait bien un peu ;
mais, par delà l'exil, c'était la guérison
tant espérée, c'était le chemin libre vers
la terre promise, c'était le noviciat, c'était
la vie religieuse qu'appelait de tous ses
vœux son cœur épris de solitude et de
sacrifice.

Au mois de mai 1892, il allait donc
demander au célèbre guérisseur, à l'abbé
Kneipp, de lui rendre la santé.

Les premiers jours furent pénibles.
Wörishofen, c'est plus que l'éloignement,
c'est le désert. Comme il a le cœur vide!
comme il tourne vers la France son regard chargé de regrets. « Je saute par
dessus les belles montagnes bleues qui
bornent l'horizon, et je vous embrasse

tous bien fort. Je ressens par instants de petits serrements de cœur qui pourraient ressembler à la nostalgie. »

Pour la dissiper, il n'a même plus à discrétion le remède des lettres. Il doit peu écrire ; ne pas imposer à sa tête une fatigue qui contrarierait le traitement. C'est à peine si pour la fête de sa mère, il se permet de fermer l'oreille aux conseils de la prudence : « Il faut bien que vous ayez aussi quelque chose de votre Justin ; je vous jette donc ce bouquet par dessus monts et vaux : j'espère qu'il ne vous arrivera pas trop desséché, et qu'il pourra prendre place au milieu de l'amas de fleurs et de cœurs qui vous entourent. » Et son affection s'épanche en des pages si longues, qu'il sent enfin le besoin de se justifier à ses propres yeux: « Bavard que je suis, je ne m'aperçois pas que derrière moi, on piétine d'impatience et l'on brûle de vous présenter vœux et bouquets. Ah! mais, un moment! ne me poussez pas ainsi !

« Laissez-moi, s'il vous plaît, embrasser ma bonne mère, d'abord deux fois, puis deux fois et encore deux fois, et, si vous n'êtes pas contents, je l'embrasserai encore deux dernières fois.

« Quelle lettre ! vraiment c'est une folie !

Adieu les microbes !

Il est vrai que pour sa mère je ne sais ce que l'on ne ferait pas ; mais enfin, ce n'est pas raisonnable. »

D'ordinaire, il fut raisonnable, et, dans l'intérêt de sa santé, réduisit sa correspondance à quelques cartes laconiques, billets, soupirs de l'exilé. C'était le mot qui revenait souvent sous sa plume : « Exilé ! oui, je le suis. Dans mes courses à travers les magnifiques forêts de sapins mêlés de hêtres qui entourent Wörishofen, je m'arrête parfois, pour m'écrier : que c'est beau ! Puis à la joie la plus vive et comme au tressaillement de mon âme, succède un sentiment de tristesse que je chasse de mon mieux, mais qui n'en existe pas moins, et qui me pèse fort. Je suis seul ! mon Joseph n'est pas avec moi pour admirer ces beautés. Quand je rentrerai, je n'aurai pas ma mère à embrasser, mon père à réjouir. Je n'entendrai pas la voix de François. Et toutes les réunions de famille là-bas sans moi ! Tout cela reste à l'état vague, car je ne veux pas m'y arrêter. »

Et cette plainte si désolée n'était que l'écho d'une désolation intime. La patrie lui manquait, il ressentait l'absence des amis, l'éloignement de la famille, et Dieu s'était retiré de lui, comme s'il l'eût voulu détacher de tout : « Toute cette semaine, s'écrie-t-il, horribles et continuelles tentations de blasphème. Que Dieu ait pitié de moi ! » Mais la volonté, étouffant les soupirs de la nature, dominant les révoltes de l'esprit, persévérait dans son indomptable énergie. Justin continuait sa course vers la sainteté, à travers les désolations, la solitude, les tentations de toute nature : « Le ciel ! Dieu ! l'amour ! la gloire ! Et pourquoi ne serais-je pas un des premiers citoyens du ciel ? La grâce de Dieu peut-elle me manquer ? Humilité, confiance, générosité, joie et paix. En avant ! A la conquête de la plus haute place possible ! » La voilà, son ambition de jeunesse, mais tournée vers les véritables grandeurs.

Il mène une vie toute sainte. Ni les difficultés du séjour, ni les exigences du traitement ne peuvent la troubler. Au début, il n'a pas trouvé de chambre à Wörishofen : 1800 malades encombrent le village et les environs. Il habite à une demie-lieue de là. Sa journée commence au pied de l'autel, elle s'achève au mois de Marie.

Il ne vit pas cependant comme un ermite; il a quelques amis français, belges, allemands, polonais, etc... Son choix n'est pas exclusif; il échange volontiers ses idées avec les gens qui pensent comme lui. Dans cette réunion d'amis improvisés, sa vertu fut assez remarquée de ses compagnons pour qu'on lui décochât quelque compliment, si nous en croyons cette note : « Non, je le proteste, ô mon Dieu. Malgré tout ce qu'on pourra dire, je ne suis qu'un néant, un misérable, et si jamais vous me recevez au nombre de vos Saints, ce que j'espère et vous demande avec crainte et tremblement, tout pénétré que je suis de mon indignité, ce n'est pas que je l'aurai mérité, c'est que vous aurez montré votre miséricorde, et que, par un prodige incomparable, vous aurez changé en un parfum de prix la boue qui gisait sur la route et répandait une odeur affreuse. »

Les mois s'écoulent sans amener la guérison. Il s'en étonne, il est triste par-

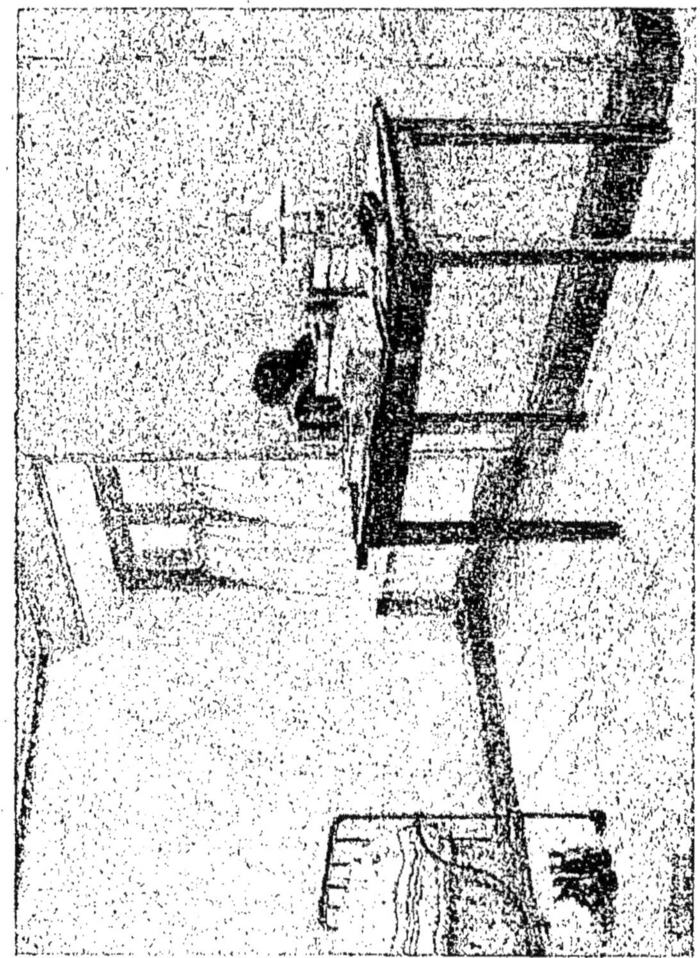

fois du mauvais effet d'une douche : « En vérité, ajoute-t-il, cela est bien insensé, car ces choses ne sont pas des maux: il n'y a qu'un mal, c'est le péché. » Un jour, l'espérance éclaira l'horizon; l'appétit revenait; les jambes s'étaient raffermies. Justin se prenait à croire à l'efficacité de la cure: « Je pense qu'en vérité la guérison s'annonce. Je sens comme un réveil de la nature. Dieu veuille que cela continue! » Ce ne fut, semble-t-il, qu'un rayon de fugitive espérance. Le mieux ne dura guère. Bientôt Justin songea au retour. Pour attendre sa guérison, il eût dû, lui dit l'abbé Kneipp, rester à Wörishofen un an et plus peut-être. Puisque le climat et le traitement n'ont pas opéré le miracle espéré, il aspire à revoir les siens. Vers le milieu d'août, il quitte la Bavière, et rentre à Paris. L'exil était fini; la santé restait délabrée.

CHAPITRE VIII.

Les derniers travaux (1892-1894).

L'ATMOSPHÈRE de la famille lui parut douce; mais il ne s'endormit pas dans l'oisiveté; à la fin des vacances, il revenait à Boulogne consacrer à Dieu le reste de ses forces : « J'ai repris mon petit train-train, à peu de chose près le même que l'an dernier. Je ne puis que bénir le bon Dieu qui, pour adoucir la lourde épreuve dont il me charge depuis 6 ans, m'a ménagé cette retraite. »

Pendant près de deux années encore, avec ces pieuses dispositions, Justin va travailler, dans l'humble poste où Dieu l'a placé, à la sanctification des autres et à la sienne. Son âme, fortifiée par le sacrifice, purifiée par la souffrance, agrandie par l'amour, prend un nouvel essor.

Endure-t-il encore de ces orages qui jadis bouleversaient son âme ? ses cahiers intimes sont muets sur ce point, soit que le calme ait succédé à la tempête, soit que, plus accoutumé à les surmonter, il dédaigne d'en conserver le souvenir.

Sa vie s'écoule plus uniforme que jamais. Les événements extérieurs n'ont pas le pouvoir de troubler sa sérénité. Il ne les envisage plus qu'au point de vue surnaturel. Il ne se laisse pas emporter au souffle du patriotisme qui soulève la France lors des fêtes franco-russes : ce n'est pas indifférence ; mais il voit trop ce qui leur manque : « Dieu veuille que cette alliance soit utile à notre malheureux pays ! Mais hélas ! que faut-il augurer d'une nation qui, pour cimenter cette alliance, ne trouve, à l'arrivée de ces nouveaux alliés, rien de mieux à leur offrir qu'un ballet ? »

Il se renferme dans ses paisibles fonctions ; à peine si, pour se distraire un instant, il se permet une séance au grand collège : « Hier, raconte-t-il, je suis allé à Notre-Dame ; j'ai assisté à une pièce qui m'a vivement intéressé. Ladite pièce intitulée *le Bourgmestre de Saardam*, roule sur un incident de la vie de Pierre-le-

Grand, alors que, charpentier de bonne
volonté, dans les ateliers de Saardam, il
est contraint, par la rébellion des Strélitz,
de retourner en Russie. Il serait trop long
de vous exposer la pièce. Le rôle du czar
a été interprété d'une manière admirable,
je n'ajoute pas que l'hymne russe a ter-
miné la fête. »

L'événement le plus important de ces
deux années fut son voyage à Lourdes.
Les remèdes humains avaient été im-
puissants; les moyens surnaturels seraient
peut-être plus efficaces. Il se mit en
route, « en compagnie de voyageurs dont
il s'occupe plus ou moins, selon le cas,
mais surtout en compagnie de la bonne
sainte Vierge et des bons Saints qui l'oc-
cupent beaucoup. »

Dans le cours du voyage, il a encore
quelque espoir de guérison, mais il semble qu'il décroisse à l'approche de Lourdes. S'il fait dire une messe, ce n'est pas
pour recouvrer la santé, mais « pour
obtenir la grâce de connaître et d'accom-

plir toujours le bon plaisir de Dieu ».

La santé lui fut refusée, mais la vertu gagna au voyage. L'amour divin le consume de plus en plus, il règne dans son cœur ; il déborde dans ses lettres. Sa correspondance n'a plus peut-être cette fine gaieté qui en avait jadis fait le charme, elle a fait place à une allégresse sérieuse et sereine.

Quand il est à Paris, son âme d'apôtre s'épanche sur ses bien-aimés, sur ceux qui ont dans son cœur la première place après Dieu. Quand il les a quittés, ses lettres continuent son apostolat : « Il faut bien que je t'écrive, mon cher petit François, et que je bavarde un peu avec toi. Sais-tu que tu me manques doublement, puisque tu as deux titres à mon affection : tu es mon bon petit frère et mon cher filleul. J'ai ici une multitude de petites figures comme la tienne, une foule de petites âmes toutes prêtes à écouter mes conseils ; mais je te cherche en vain parmi tous ces bambins. Te souviens-tu, comme l'année dernière, à pareille époque, nous trottions tous les deux dans Paris ? Nous étions une bonne paire d'amis. Je te donnais, chemin faisant, des conseils tout paternels, et toi, mon cher fils, tu les écoutais bien gentiment, et tu me promettais de les mettre en pratique. Et ainsi le chemin s'achevait sous l'œil du bon Dieu. »

Avec son père, sa piété se fait presque intransigeante ; dans sa sainte audace, il veut le conduire jusqu'aux plus hauts sommets de la vie chrétienne, quelque trois mois avant sa mort, au début du carême, il écrit ce magnifique appel à la sainteté : « Inutile de vous dire, mon cher petit père, que je vous suis bien étroitement uni par la pensée et l'affection, et que, chaque jour, je prie le bon Dieu plusieurs fois pour vous. Qu'il vous aide à porter avec courage et amour le poids de tant de préoccupations et de fatigues physiques et morales ! qu'il dirige lui-même votre barque ! qu'au milieu de ces rues de Paris où tout est cohue et agitation, la pensée de ce Dieu si peu aimé et pourtant si digne de l'être soit le repos, la consolation, la force, la raison, l'aliment et la suprême espérance de votre vie! Oui, mon bien cher Père, voilà ce que je demande au bon Dieu pour vous. Mais permettez même à votre très indigne enfant, qui a un si grand désir d'être apôtre et prêtre de J.-C., de faire autre chose que de prier le Seigneur et de vous conjurer au début de ce carême d'entrer résolûment dans la voie parfaite. Vraiment, oui, je vous en conjure, élevons nos pensées au-dessus de cette atmosphère du monde qui nous entoure, et portons sans cesse nos regards vers Dieu... Préférons mille fois mourir plutôt que de l'offenser, aimons-le de tout notre cœur ; faisons tout pour lui plaire. Quand tant de gens l'outragent de mille manières, n'essayerons-nous pas, nous qu'il a comblés de grâces, de consoler son cœur par une vie de pénitence et d'amour?

« Je sais bien que les affaires ne sont pas précisément une aide pour ramener notre esprit à des pensées que, même hors du tourbillon, il oublie si facilement, mais j'espère que Dieu aidera vos efforts, et vous fera la grâce, au sein même de vos occupations, de songer à lui plaire et à l'aimer. »

Quand il écrit à sa mère, ses exhortations ne sont pas moins pressantes, mais plus caressantes. Près d'une mère, on a toujours cause gagnée ; aussi épanche-t-il plus librement son âme. Ses aspirations sont hautes : il ne vise à rien moins qu'à devenir l'Augustin d'une autre Monique : « Il y a un tableau que vous connaissez, et qui m'a toujours fait impression ; c'est celui qui représente Ste Monique et St Augustin en prière. On sent qu'ils vivent d'une même vie et qu'un même amour a ravi leur cœur ; ils aiment ensemble le Dieu qui est leur fin. Leurs regards peuvent redescendre vers la terre et les créatures ; comme celui qui a fixé le soleil pendant un certain temps, ils verront Dieu en tout, toujours et partout, et ils l'aimeront de même.

Quel bonheur, ma chère mère, si quelque étincelle de cet amour venait animer nos âmes, à commencer par la vôtre qui m'est si chère, si à toutes les secondes de notre existence, surtout aux heures où nous sommes dispersés aux quatre vents du ciel nous pouvions nous dire tout consolés : Une même vie nous anime, un même amour fait battre notre cœur, un même Dieu est l'objet de toutes nos pensées, une même récompense nous est réservée au séjour du repos et de la paix : d'autres peuvent, avec raison, se demander s'ils ne seront pas séparés dans la vie future, mais pour nous, notre cœur est rempli de joie, car nous avons confiance que ce Dieu qui a bien voulu ici-bas nous unir dans son amour, voudra bien nous y unir là haut d'une manière plus étroite encore. »

Voilà des pages que peut-être n'eût

pas désavouées un Augustin, et elles ne sont pas rares dans cette admirable correspondance.

Deux cœurs surtout battent à l'unisson du cœur de Justin. Joseph, Alphonse, Justin sont plus unis que jamais dans l'amour commun du Maître. Vers la fin de 1892, Dieu leur avait accordé une grande joie. Alphonse, depuis deux ans déjà séparé des siens, avait dû passer quelques jours à Paris. Justin avait pu se faire remplacer ; il était accouru. Il garda de ces jours un souvenir embaumé : « Jours mille fois bénis où j'ai eu le bonheur de voir mon cher frère Alphonse et de causer longuement avec lui et mon bon frère Joseph sur la nécessité de nous donner tout à Dieu : ce que nous avons fait tous trois, nous offrant mutuellement à la souveraine Majesté et à notre aimable Maître. Désormais, nous sommes tous trois à Dieu, de plus en plus unis par un même esprit, dans le même esprit, voulant tout faire pour lui plaire, et lutter

tous les trois à qui aimera, servira et con-
solera mieux le Cœur de notre bien-aimé
Sauveur Jésus. »

La joie du revoir n'avait eu qu'un
temps ; il avait fallu bientôt se séparer,
mais les lettres empêchaient les souvenirs de se faner et les rafraîchissaient au
souffle vivifiant de l'Amour divin. Ce
sont des billets enflammés : «Soyons tout
à la besogne que nous avons entreprise.
Le monde est fou. Aimons tous ceux qui
nous entourent et rendons-leur la vie la
plus douce possible par notre entrain, par
notre amabilité ; mais ce qui est boue,
regardons-le comme de la boue ! que tous
ces vains désirs qui attachent l'homme à
la terre sont dignes de mépris! Pour nous,
laissons courir le monde après ses niai-
series! Notre œil est désormais fixé dans
la lumière éternelle, et notre cœur ne
tourne plus au moindre souffle. Jésus est
notre lumière, notre amour, notre force,
notre vie. Il nous a tirés du tourbillon. Il
nous a montré la gloire des Saints, *Sur-*

sum corda! Paix! joie! amour! à Dieu!»

Parfois ses regards se tournent émus vers son frère, qui, plus heureux que lui, jouit de la vie religieuse. Il se considère, lui aussi, comme de la famille de Saint-Ignace, mais il regarde avec un œil d'envie ceux qui, tandis qu'il est encore arrêté à la porte, ont déjà franchi le seuil: «Mon cher Alphonse, tu es la bonté même de m'avoir écrit pour la fête de notre bien-aimé Père, et j'y aurais répondu plus tôt, sans d'autres lettres plus pressées qu'il m'a fallu expédier.

«Ah! bénissons le bon Maître qui comble notre famille de grâces. Ne cessons de reconnaître ces bienfaits, en vidant notre âme de tout ce qui est du monde, et l'ouvrant toute grande à l'amour de notre bien-aimé Maître. Ne nous arrêtons pas! courons! Pourquoi ne pourrions-nous pas avec le secours de la grâce arriver aux premières places du ciel et faire partie de cette phalange choisie et heureuse entre toutes, qui, pendant toute l'éternité se tiendra aux pieds mêmes de la Très Sainte Vierge ? »

C'est en ces termes enflammés que sont conçues ses dernières lettres. Comme s'il sent que le terme de sa vie approche, il redouble de générosité.

Quant au secret de cette générosité croissante, il faut le demander au Sacré-Cœur. On sait les grâces de choix attachées à cette dévotion. Justin était jaloux de les attirer sur ses parents et sur lui. Le 28 septembre 1890, la famille s'était mise sous la protection du Sacré-Cœur par une consécration solennelle. Un pacte plus intime encore le liait, lui et ses frères, à cet adorable Maître. Il avait grand soin de le rappeler de temps en temps: «Faisons de nos premiers vendredis, écrivait-il, comme autant de forteresses d'où nous tirerons à boulets rouges sur toutes les difformités du vieil homme, ou mieux encore autant d'échelons dont nous nous servirons pour grimper sans trêve jusqu'au sommet de la perfection. »

Justin était mûr pour le ciel; les yeux fixés sur la patrie, il sentait que son pèlerinage terrestre ne devait plus être long. Il avait soif d'en bien employer les derniers jours : « Toute minute qui n'est pas marquée par quelque douleur de l'âme et du corps doit être considérée comme une minute perdue pour l'éternité ; toute minute marquée par quelque douleur de l'âme ou du corps doit être considérée comme un monceau des pièces de l'or le plus fin.

« Quel bonheur! les secondes s'ajoutent aux secondes, les minutes aux minutes, les heures aux heures, les journées aux journées, et c'est ainsi que la vie s'écoule, que les mérites s'accumulent, et que, sans s'en douter, on achève le voyage. Le soir est venu, nous avons marché toute la nuit et nos yeux ont enfin aperçu des lueurs divines. C'est l'aurore! c'est le jour! la récompense! la gloire! l'amour! c'est la vie! c'est Dieu! »

Oui, Dieu approchait.

Quelques années auparavant, un jeune Père avec lequel Justin avait vécu et travaillé, quittait Chanlaire, la France et s'embarquait pour la Chine.

Avant son départ, les enfants s'étaient réunis et lui avaient fait leurs adieux, Justin, dans un coin, ému, attendri, enviait le bonheur de ce religieux. Puis il l'avait attendu et salué une dernière fois à la porte du collège, et le jeune missionnaire l'avait embrassé avec effusion, et quitté sur ces mots : « Allons, Monsieur

Chappotteau, au revoir! au ciel! »
Le jeune Père entreprenait une route
plus longue qu'il ne croyait. A peine débarqué en Chine, il se préparait au dernier
voyage, et, quelques jours après, il partait
pour le ciel. Il était arrivé le premier au
rendez-vous. Justin allait l'y rejoindre.

SI, avant de raconter les derniers assauts que lui livre la maladie, nous nous reportons aux premières années de Justin, nous retrouverons sous les traits de l'homme la physionomie de l'enfant, mais embellie et transfigurée.

Même amour du devoir, même exactitude, même ambition, mais sanctifiée. Les défauts seuls ont disparu ; au lieu de l'enfant égoïste, un jeune homme généreux, dévoué, plein d'abnégation. Plus d'opiniâtreté, mais l'esprit le plus conciliant. « A quoi bon contester, disait-il, si dans un accident il y a eu huit ou dix blessés!» Sa charité est exquise. Le moindre manquement à cette vertu le blesse ; il ne se le permet pas ; il ne le tolère pas chez les autres. S'il s'en commet en sa présence, son visage devient sérieux ; on devine sa gêne et son mécontentement.

Il s'est fort bien dépeint lui-même dans l'idéal qu'au cours d'une de ses retraites il s'était proposé, et qu'il réalisa aussi fidèlement que possible : « Que mon maintien soit à la fois calme, modeste, recueilli, paisible, joyeux, mortifié ! Point de poses nonchalantes ! Rien qui sente le caprice et l'oubli de la présence de Dieu, l'impatience ou la gêne ! Rien de tendu, mais surtout rien de triste ! Un aimable enjouement ! une gravité sereine ! un abandon contenu et voulu ! une égalité d'âme parfaite ! Qu'en me voyant on se sente porté à la joie, à la paix, à la vertu, à Dieu enfin ! »

A l'intérieur, une pureté de conscience admirable. En 1892, dans sa retraite annuelle, il prend la résolution :

1º de ne plus jamais commettre de propos délibéré le moindre péché véniel,

2º d'accomplir parfaitement le bon plaisir de Dieu.

Et ces résolutions ne sont pas de vains propos, éclos en un jour de ferveur et que

fane le premier souffle. Nous pouvons,
preuves en main, juger de sa fidélité à les
suivre. Dans son carnet d'examens où
sont notées ses fautes au jour le jour, que
trouve-t-on ? Manque d'indifférence, de
sérénité, de parfaite amabilité. Ce sont
les termes qu'il emploie. Il s'accuse aussi
de tentations de gourmandise. C'étaient
les réclamations trop légitimes de l'appétit qu'il prenait pour des tentations. Son
directeur, qui le connaissait bien, lui disait à ce propos : « Pensez moins à ce que
vous devez manger, et mangez davantage ! »

Pendant les repas même, il veillait à ne
pas perdre de vue la présence de Dieu. Son
union avec Dieu était continuelle ; mille
industries l'entretenaient. Qu'il chante,
qu'il commence une lecture, il fait d'abord
le signe de la croix. S'il monte un
escalier, il s'imagine qu'il est sur le chemin de la perfection ; on peine beaucoup
pour arriver au terme, mais en haut,
c'est le repos ; s'il descend au contraire,

la pensée de son néant l'occupe ; on croit être arrivé à la perfection, il faut bientôt redescendre.

Ces pieuses pensées attisent le feu sacré, mais il va surtout l'entretenir à la Sainte Table. Le jour où son directeur lui permet la communion quotidienne, il est transporté de joie. Quand, au début de sa maladie, le médecin lui signifiera la défense de rester à jeun le matin : « Je ne pourrai plus communier tous les jours, soupire-t-il, c'est ma plus grande peine. »

S'il sert la messe, c'est avec une piété si profonde, que tous les témoins en sont édifiés. Chaque mot est prononcé avec soin ; chaque cérémonie accomplie avec ponctualité. Sa dévotion à la Sainte-Eucharistie semble passer dans sa voix, quand il chante aux messes où les élèves communient. On fait alors son action de grâces avec plus de ferveur.

La pensée de Dieu le suit en dehors de la chapelle et l'accompagne partout. Pendant la journée, il prie, il baise son crucifix, le tient jusqu'à deux minutes collé sur ses lèvres.

La vie des saints fait ses délices, au point qu'il délaisse et oublie les autres livres. A qui lui conseille d'autres lectures, il répond : « A quoi me serviraient-elles ? Je ne puis plus lire que cela. »

A Pâques 1894, il était retourné à Paris fatigué, brisé !

Mais son énergie faisait illusion et empêchait qu'on ne crût son état aussi grave qu'il l'était. On condamnait encore le soin excessif, disait-on, qu'il prenait de sa santé ; on l'engageait à ne pas tant se considérer comme une victime sur la croix et à secouer la torpeur qui l'envahissait. Son âme délicate fut troublée par ces critiques ; il fut pris d'un accès de désespoir que sa faiblesse et son état nerveux contribuaient à accroître. Il se réfugia près de son crucifix et là pleura à chaudes larmes, se croyant abandonné de tous, même des siens, même de Dieu.

Le mal ne put le vaincre encore. Il

craignit d'inquiéter sa famille, se tut et retourna à Chanlaire, sans avoir dit un mot de ses souffrances. C'était trop présumer de ses forces. Ses collègues furent effrayés à son retour: dix jours avaient suffi pour bouleverser ses traits. On voyait sur son visage l'empreinte de la mort. Sous cette impression, on commence un *triduum*. Le 19 avril, il l'annonce à Alphonse, et lui demande de s'y associer :

« Vive JÉSUS ! vive MARIE !

Je ne t'envoie guère que cet en-tête. L'estomac est tout délabré. Le P. N... a voulu faire faire aux Pères de Chanlaire un petit triduum jusqu'à dimanche, afin que le bon saint Joseph me tire de là. Bon souvenir, s'il te plaît, dimanche pour ton Justin.

« Veux-tu, le premier vendredi de mai, que nous demandions une dévotion toute tendre et filiale pour Marie, et la grâce d'être au ciel parmi ses plus chers serviteurs ? tout près, tout près d'elle pour toute l'éternité! Adieu, mon bon Alphonse. Vive Jésus! vive Marie! obtiens-moi la grâce d'être joyeux. Aimons le bon Dieu! »

L'écriture est tremblée, les phrases hachées. Le cœur reste ferme. Gaieté malgré tout, ambition des premières places au ciel, amour de Marie et du Sacré-Cœur : tout Justin est là.

On priait avec ferveur, mais les prières furent impuissantes à le disputer au ciel : le ciel le réclamait.

Bientôt il faut retourner à Paris. La science tente en vain de l'arracher à la mort; le traitement commencé doit être interrompu. Une complication est survenue: Justin, avant même que le médecin l'ait condamné à garder le lit, sent que la fin approche: « Vois-tu, mon Joseph, dit-il un jour, je n'ai plus qu'à m'en aller. »

Dans le courant de mai, une crise précipite le dénouement; le danger apparaît, non point encore imminent, mais

inévitable. On lui administre l'Extrême-
Onction; Justin ne s'en aperçoit pas, et,
quand il est revenu à lui, on le lui cache
quelque temps, de peur que ses scrupules
ne redoublent.

Pour le soigner, on appelle une garde-
malade. Dans sa pudeur délicate, il répu-
gnait à recevoir les soins d'une femme ;
il eût désiré un Frère de Saint-Jean de
Dieu. On ne put accéder à ses désirs. Le
29 mai, une Sœur dévouée lui apporta
ses prévenances et ses consolations. Il en
avait besoin, car la dernière épreuve allait
être longue et douloureuse.

Pendant deux mois, il souffrira, et sa
faiblesse empêchera qu'on ne lui offre
aucune distraction. Les heures s'écoulent
lentes; mais, résigné, il se permet à peine
un soupir. Il demande, pour s'exciter à la
patience, la vie d'un Saint qui ait beaucoup souffert. Sa faiblesse est si grande
qu'il doit s'y reprendre à trois ou quatre
fois pour achever sa prière du matin,
quelque courte qu'elle soit. Le moindre

bruit le fatigue : si l'on s'entretient près de lui sur un ton trop élevé, il laisse parfois échapper un mouvement, une parole d'impatience. Il rappelle ensuite, pour en demander pardon, celui qui en a été la cause involontaire. Sa délicate charité lui reproche la plus légère atteinte à cette vertu qu'il a tant aimée. Il a dit d'une personne qu'elle était insupportable ; il le regrette aussitôt, une contraction passe sur son visage: « J'ai manqué à la charité, ma Sœur; me voilà bien tourmenté. » Le calme ne renaît, que lorsque la Sœur lui a dit qu'elle n'a rien entendu.

C'est du ciel qu'il attend le soulagement de ses souffrances. Il baise fréquemment son crucifix, une statuette de la sainte Vierge. Un jour, pendant qu'il s'acquitte de cet acte pieux, une distraction l'a absorbé. Vite, il redemande la statue : « Rendez-la-moi, cette bonne mère; je ne lui ai pas dit tout ce que j'avais à lui dire.» Ce qui l'attristait, c'était qu'il ne pouvait guère prier ; il invitait son frère à le suppléer : « Veux-tu faire un pacte avec moi ? Chaque fois que tu prieras, au lieu de dire : je, tu diras : nous. »

C'était une grande privation pour lui de ne plus assister au saint Sacrifice. Un matin que la Sœur, au retour de l'église, lui disait qu'elle trouvait bien belles les prières de la messe, Justin, tout pâle, s'écria : « Ma Sœur, vous me faites venir de l'eau à la bouche », avec tant de force que la Sœur n'osa plus aborder ce sujet.

La sainte Communion lui procurait d'ineffables consolations ; mais, nous l'avons vu, une difficulté avait surgi. Justin ne pouvait rester à jeun jusqu'à sept heures ; il ignorait d'ailleurs qu'il eût reçu l'Extrême-Onction. Aussi refusait-il énergiquement de communier en viatique. Son directeur lui donna l'ordre de le faire. Justin demeura perplexe : il craignait, en obéissant, de désobéir à la sainte Église ; il sentait bien d'ailleurs qu'en résistant il manquait de soumission ; il pria, fit prier à cette intention ; la lutte fut longue ; une seconde visite de son confesseur fut nécessaire pour le déterminer à l'obéissance.

Vers la fin de juin, le bon Dieu lui accorda une grande consolation ; son frère Alphonse vint passer une semaine à son chevet. Cette visite le fortifia, le consola et le pénétra de reconnaissance.

Cependant les médecins s'étonnaient que, dans l'état d'épuisement où la maladie l'avait réduit ; la vie se prolongeât si longtemps. Ce n'était pas, hélas ! que l'on conçût une lueur d'espoir. Le mal ne pardonnait pas. Les progrès de la maladie étaient lents, mais incessants.

A mesure que l'heure de la séparation approche, son affection grandit pour les siens. Il demande ses frères qui craignent de le fatiguer par des visites trop fréquentes ; il réclame Charlotte et François, les regarde longuement, impuissant à leur traduire autrement sa tendresse ; il a pour sa mère de filiales délicatesses. Elle lui a fait un châle en laine blanche : « Il faut qu'il serve, dit-il à la Sœur, pour que ma mère soit contente. »

Le 19 juillet, il lui souhaite la fête pour la dernière fois en ce monde. Elle reçoit dans une pièce voisine un bouquet de chacun de ses enfants, puis elle entre dans sa chambre. Justin avec son bon sourire, un sourire d'une douceur, d'une tendresse ineffable, lui offre son bouquet de fleurs et celui d'Alphonse, qui était reparti. Il embrasse sa mère, et, retenant sa main dans les siennes: « Asseyez-vous là, ma mère, sur ce fauteuil, que je vous voie, que je vous remercie de tout ce que vous avez fait pour moi. Mais, les autres, il faut les faire entrer. » Ils étaient derrière un paravent, voyaient et entendaient tout.

Ils viennent, on lui dit qu'ils ont déjà donné leurs fleurs: « Oh! fit-il désappointé, moi qui espérais que vous les auriez offertes dans ma chambre! »

La nuit du vendredi 27 fut très mauvaise. Il demandait sans cesse une de ces piqûres de morphine, qu'on lui faisait pour calmer les douleurs.

Le samedi matin, il écouta encore trois chapitres de la vie du bienheureux Perboyre. Vers 10 heures et demie, au moment où on le soulevait, une suffocation terrible le prit : « Ah ! je vais mourir », s'écria-t-il. La Sœur dit assez bas . « Il serait bon d'envoyer chercher un médecin. — Et un prêtre ! » ajouta-t-il. Un Père vint, lui donna l'absolution, et lui appliqua l'indulgence plénière.

Le calme était revenu. La Sœur s'approche du lit : « Votre mère est là. Qu'est-ce qu'on dit à sa mère ? — Dites-lui que je l'aime », répondit-il distinctement.

A 1 heure, le médecin déclara qu'il n'y avait plus rien à faire, recommanda quelques piqûres d'éther, pour aider la respiration.

Pendant qu'on courait prévenir son père, la Sœur avec sa mère récitaient les prières des agonisants. Justin n'entendait guère, mais il n'avait pas perdu connaissance. Quelque temps après, tandis que la Sœur était seule auprès de lui, il dit : « Je crois que ça va être fini, ma bonne Sœur. — Oui, mon cher enfant, c'est la visite du Seigneur. » Un nuage passa sur son front ; la Sœur, pour le dissiper, eut l'inspiration d'ajouter : « C'est aujourd'hui samedi, vous aimez bien la sainte Vierge.» Et Justin rasséréné dit avec joie : « Je voudrais m'en aller aujourd'hui. » Sa langue était déjà embarrassée ; il continua : « Ma bonne mère, oui, aujourd'hui,… je veux… aujourd'hui…… avec vous… ma… ma bonne mère. » C'était une prière, un appel suprême à Marie. La Sœur crut qu'il appelait sa mère, et lui demande s'il voulait la voir : « Non, dit-il, c'est ma bonne mère du ciel !» Et il répéta avec sa garde: « Jésus ! Marie ! Joseph ! »

Vers 2 heures, son père arriva. Justin le reconnut, le remercia lui et sa mère avec effusion des bontés qu'ils avaient eues pour lui : « Mon bon père, comme vous avez été bon pour moi ! » Et comme son père l'engageait à offrir à Dieu ses dernières souffrances : « Oui, j'ai beaucoup péché, mais j'embrasse le bon Dieu. » Il demanda encore pardon à ses parents, parla de Joseph qui était si bon.

L'agonie commença ; il ne laissa plus échapper que des mots entrecoupés, il répétait : « Voilà...la...la. » Après un silence, il se mit à balbutier d'une manière inintelligible.

Puis vers trois heures et demie, quelques contractions à peine perceptibles passèrent sur le visage, et ce fut tout. Justin était allé rejoindre Clotilde et Marie. La famille se reformait dans les cieux.

Les yeux restèrent grands ouverts, mais ils ne reflétaient pas la moindre frayeur ; son visage, embelli par la mort, respirait le calme et la paix.

Ses funérailles furent simples. Pour obéir à ses désirs, ses parents ne voulurent sur son cercueil ni fleurs, ni couronnes.

Sept religieuses de divers ordres accompagnèrent à sa dernière demeure le corps de celui qui avait tant désiré, sans l'obtenir, le bonheur de la vie religieuse.

TABLE.

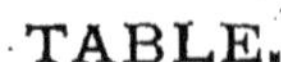

Imprimé par Desclée, De Brouwer et Cie.